EILEEN PESARINI

NATURAL SWEETS

ZUCKERFREI · VEGAN · GLUTENFREI

WIE ALLES BEGANN

•••

Ich heiße Eileen und meine große Leidenschaft gilt dem Backen. Diese Passion entdeckte ich bereits sehr früh. Während die meisten Kinder ihre Zeit in der Leseecke, im Spielzimmer oder in der Natur verbrachten, fühlte ich mich als kleines Mädchen an einem ganz anderen Ort zuhause: in der Küche.
Jede Sommerferien verbrachte ich bei meiner Oma in Heidelberg. Das Erste, was ich dort tun wollte, war immer „Plätzchen backen". Als älteste Schwester von zwei Brüdern mussten diese wohl oder übel als Küchenhelfer dienen. Und so kam es dann, dass wir im Hochsommer bei brütender Hitze Plätzchen backten. Immerhin waren wir für Weihnachten gut gerüstet. Meine Mama erzählte mir erst vor Kurzem, dass sie meine Oma schon auf dem Weg nach Heidelberg anrief und ihr mitteilte, dass wir gleich da seien und sie doch bitte schon mal den Teig vorbereiten möge, weil Eileen es kaum abwarten könne zu backen.
Das Backen ging mir immer leicht von der Hand: Meine Zutaten hatte ich im Kopf, Geräte einsetzbar und die Arbeitsschritte beherrschte ich wie im Schlaf. Sobald ein Geburtstag oder eine Feier anstand, war ich Feuer und Flamme, einen Kuchen, Brownies oder Muffins vorzubereiten.
Im Alter von 16 Jahren begann ich mich mit dem Thema Ernährung auseinanderzusetzen. Wie so viele in meinem Alter hatte ich mit einer sehr schlechten Haut zu kämpfen und gewöhnte mir daher Schokolade über Nacht ab. Ich war mir sicher, dass diese der Auslöser meiner Akne war und so fiel es mir gar nicht so schwer, auf Schokolade zu verzichten, denn ich hatte nur die strahlend schöne Haut im Kopf.
Aber leider blieb die strahlend schöne Haut aus und so tauchte ich tiefer in das Thema ein: Ich lernte mehr über Kohlenhydrate, Fette und Eiweiß, aber auch über Weizen, Zucker und tierische Produkte.
Ich recherchierte viel über Milchprodukte und las, dass diese unreine Haut begünstigen würden. Also strich ich Milchprodukte komplett aus meinem Ernährungsplan, diese waren ja schließlich für meine schlechte Haut verantwortlich. Weißen Industriezucker gab es nur noch an besonderen Anlässen. Damals kannte ich leider noch keine Alternativen zu raffiniertem Zucker oder Milchprodukten und so backte ich zu dieser Zeit kaum noch.
Ein weiterer Grund dafür waren starke Bauchschmerzen, an denen ich jahrelang litt. Lange hatte ich keine Erklärung dafür. Manchmal war es so schlimm, dass ich nachts kaum schlafen konnte. Ehrlich gesagt hatte ich mich schon damit abgefunden, immer mal wieder Bauchschmerzen zu haben. Meine Eltern brachten mich zu verschiedenen Ärzten, die auf alle möglichen Ursachen tippten. Erst ein Nahrungsmittelunverträglichkeitstest brachte mir Klarheit. Mein Hausarzt stellte schließlich fest, dass ich an einer Glutensensitivität leide. Wenig später diagnostizierte man bei meiner Schwester, die ihrerseits nach fast jeder Mahlzeit mit Bauchschmerzen zu kämpfen hatte, eine Weizenallergie.

Nachdem ich Gluten komplett aus meinem Ernährungsplan streichen musste, stellte ich fest, dass ich morgens nun auch keinen Porridge mehr essen konnte. Zum Glück entdeckte ich glutenfreie Haferflocken und nach und nach andere wundervolle Alternativen wie Buchweizenmehl oder Quinoa. Und so erwachte auch endlich meine alte Liebe zum Backen wieder! Bald war ich begeistert, wie gut natürliche Zutaten in der richtigen Kombination schmecken können. Bei jeder Gelegenheit backte ich einen Kuchen, Brownies oder Muffins. Bis heute darf ich mir immer noch von meinen Eltern anhören, wie viele meiner ersten Backversuche eher ungenießbar waren und sie sich trotzdem immer wieder als Testesser bereit erklärten, die Ergebnisse zu probieren. Aber das gehört eben auch dazu.
Nach meinem Bachelor zog ich nach London, um dort meinen Master zu machen. Ich war begeistert von der Auswahl und Vielfalt der Produkte, die es in England im Supermarkt zu kaufen gab. Ich entdeckte eine Menge toller neuer Lebensmittel wie veganen Joghurt aus Kokosnuss, den es in Deutschland bis dato noch nicht zu kaufen gab. An jeder Ecke konnte ich meinen Kaffee mit Mandelmilch bestellen. In Deutschland war ich froh, wenn das Café gerade mal Sojamilch anbot. Aber auch die Auswahl an Snacks, die in London im Supermarkt erhältlich waren, faszinierten mich. Endlich konnte auch ich mir unterwegs mal einen Snack gönnen. Anderthalb Jahre später zog ich zurück nach München, um in einer Firma zu arbeiten, die Nahrungsergänzungsmittel herstellt. In der Zwischenzeit hatte sich auch in Deutschland einiges getan: Veganer Joghurt, Ei-Ersatz oder glutenfreie Pasta waren keine Fremdwörter mehr.
Während meines Masters experimentierte ich viel in der Küche und so kam ich mit einem Koffer voller neuer Rezepte (und Snacks) zurück nach München. Jedes freie Wochenende nutzte ich zum Backen. Mir fiel bei meinen Besuchen im Biomarkt aber immer wieder auf, dass sich im Süßwarenregal wenig Vielfalt bot. Außer den typischen gesunden Rohkost- und Müsliriegeln gab es kaum eine Auswahl. Snacks, die aus rein natürlichen Zutaten bestehen und trotzdem wie eine Süßigkeit schmecken, so wie ich sie in London gegessen hatte, suchte ich vergeblich. Wiederholt spielte ich mit dem Gedanken, eines Tages mein eigenes Produkt auf den Markt zu bringen. Ich experimentierte weiter in meiner heimischen Küche, den Traum eines Snacks nach meiner eigenen Rezeptur immer im Hinterkopf. Nachdem meine Süßspeisen bei Freunden und Bekannten so gut ankamen und ich ständig nach den Rezepten gefragt wurde, erhielt ich sogar erste Catering-Anfragen. Meine Freundin Mona, die mit gesunder Ernährung bislang nichts am Hut gehabt hatte, probierte gelegentlich meine Kreationen und war jedes Mal aufs Neue erstaunt, wie gut gesundes Essen schmecken kann. Sie war es auch, die mich schließlich davon überzeugte, meinen Traum in die Realität umzusetzen.

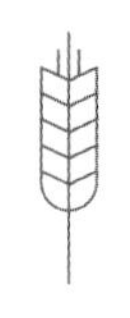

ZÖLIAKIE

Bei der Zöliakie handelt es sich um eine chronische Erkrankung, die genetisch bedingt ist. Beim Verzehr von glutenhaltigen Getreiden wie Weizen, Roggen oder Dinkel werden Entzündungen und Schädigungen im Dünndarm verursacht. Diese führen meistens zu starken Verdauungsproblemen. Die Krankheit kann sich aber auch durch chronische Erschöpfung, Eisenmangel oder ein diffuses Unwohlsein äußern. Zöliakie kann in jedem Alter auftreten und besteht lebenslang. Etwa ein Prozent[1] der weltweiten Bevölkerung leidet an Zöliakie. Generell sind aber mehr Frauen als Männer betroffen.

WEIZENALLERGIE

Bei der Weizenallergie sind die Beschwerden ähnlich wie bei der Zöliakie. Im Unterschied zur Zöliakie setzt der Körper hier aber beim Verzehr von Gluten bestimmte Stoffe frei, die eine allergische Reaktion hervorrufen, eine Überreaktion des Immunsystems auf Weizen also. Etwa 0,1 Prozent der Weltbevölkerung leidet an einer Weizenallergie.[2] Diese tritt meist schon im Kindesalter auf, kann aber durch Reifung des Immunsystems später wieder zurückgehen. Wenn die Allergie im Erwachsenenalter auftritt, was seltener der Fall ist, bleibt sie meist bestehen, da sie z.B. durch Hormonumstellungen hervorgerufen wird.[3]

GLUTENSENSITIVITÄT

Bei der Glutensensitivität, auch Weizensensitivität genannt, handelt es sich weder um eine Zöliakie noch eine Allergie, sondern um eine Intoleranz gegenüber bestimmten Weizenbestandteilen. Die Dünndarmzotten werden nicht beschädigt. Da der Darm also nicht zerstört wird, muss eine strenge glutenfreie Ernährung nicht zwingend eingehalten werden, anders als bei der Zöliakie und der Weizenallergie. Geringe Mengen Gluten werden meist vertragen, Betroffene sollten Gluten jedoch weitestgehend aus ihrem Ernährungsplan streichen. Schätzungen zufolge leiden sechs bis zehn Prozent der Bevölkerung weltweit an einer Glutensensitivität.[4]

ALLER ANFANG IST SCHWER

•••

Und so stand im Frühjahr 2018 die Idee fest: Mona und ich würden unsere eigenen Snacks produzieren und das nicht mehr nur in der heimischen Küche. Wir wussten nicht, wie kompliziert es ist, sich eine Küche anzumieten, um dort Lebensmittel herzustellen. Um Riegel, die unter Backwaren fallen, herzustellen, benötigt man in Deutschland eine Konditorlehre. Da ich diese nicht absolviert hatte, musste ein Partner her. Eine Produktionsstätte zu finden, die unsere Riegel nach unseren Vorstellungen herstellen würde, stellte sich jedoch als eine große Herausforderung dar. Nach intensiver Suche fanden wir jedoch einen kleinen Familienbetrieb. Die Inhaber verstanden unsere Visionen, Ziele und Anforderungen an das Produkt.
Dennoch gab es noch einiges zu tun, bevor wir unseren Riegel auch wirklich produzieren konnten. Die Rezeptur musste so verändert werden, dass die Riegel auch in größeren Mengen produziert werden konnten. Es ist ein Unterschied, ob man 30 Riegel in der heimischen Küche herstellt oder 10.000 Stück! Aber auch diese Hürde ließ sich meistern. Zum Glück musste meine Rezeptur nur minimal verändert werden.
Nachdem die Rezeptur unter Dach und Fach war, erfuhren wir, dass der Schokoladenhersteller unserer ursprünglichen Kuvertüre die Produktion einstellte. Nach fast drei Monaten intensiver Suche hatten wir endlich einen Ersatz gefunden. Manchmal lohnt der Umweg: Unsere Kuvertüre ist nun sogar noch dunkler als die vorherige und bildet mit 88 Prozent Kakaoanteil die perfekte Abrundung zur süßen Füllung. Aber bei der Anpassung der Rezeptur allein blieb es nicht: vom Verpackungsmaterial über das Design der Verpackungen bis hin zu den Displayboxen, von der Firmengründung über die Kreditaufnahme bis zu den Bio-Zertifizierungen – das alles waren wichtige Schritte auf unserem Weg. Zeitgleich feilten wir an der Vertriebs- und Marketingstrategie.
Manchmal waren wir hochmotiviert und voller Ideen und alles lief wie am Schnürchen. Aber es gab auch Tage, an denen wir den Kopf am liebsten in den Sand gesteckt hätten, denn ein Problem jagte das nächste. Dies konnte neben meinem Job ganz schön nervenaufreibend sein, aber die Vision von einem eigenen Riegel ließ mich nie los. Neben dem Projekt Lini's Bites und meinem Job machte ich noch meine Ausbildung zur Ernährungsberaterin, um mein Wissen rund um den Körper und die Ernährung zu erweitern.

Auch mein Papa machte mir die Sache nicht so leicht, denn seine Begeisterung für mein neues Projekt hielt sich, milde ausgedrückt, in Grenzen. Er verstand nicht, wieso ich mir nicht lieber einen guten Job suchen wollte. Ich hatte während meines BWL Studiums einige Praktika in großen Konzernen gemacht und merkte schnell, dass dies nichts für mich war. Ich wusste auch, dass der Job, in dem ich arbeitete während ich Lini's Bites gründete, mich auf lange Sicht nicht erfüllen würde. Heute bin ich dankbar, dass mein Papa so kritisch war und mich nicht bei all meinen Ideen unterstützt hat. Ansonsten hätte ich wohl längst schon ein Café,

eine glutenfreie Bäckerei oder ein Sport-Studio eröffnet. Geschäftsideen, hinter denen ich nicht hundertprozentig stand und mit denen ich wohl auch keinen Erfolg gehabt hätte. An die Idee, einen gesunden Snack auf den Markt zu bringen, habe ich aber voll und ganz geglaubt.
Von Anfang an. Egal, ob meine Familie oder Freunde die Idee gut fanden oder nicht. Ich war vielleicht das eine oder andere Mal verzweifelt, aber ich habe nicht ein einziges Mal an meiner Idee und meinem Vorhaben gezweifelt.
Im März 2019 brachten Mona und ich mit Lini's Bites unser erstes Produkt – einen dreischichtigen Riegel in vier verschiedenen Geschmacksrichtungen – auf den Markt. Seither ist einiges geschehen. Unsere Produkte sind in die ersten Supermarktregale eingezogen, ich habe meinen ersten Backkurs gegeben, an neuen Produkten getüftelt und etliche Rezepte auf unseren Social Media Kanälen veröffentlicht. Immer wieder sind die Leute überrascht, wie gut natürliche Zutaten in der richtigen Kombination schmecken können.

BACKEN AUS LEIDENSCHAFT

Eines hat sich jedoch nicht geändert: Backen gehört nach wie vor zu meiner allerliebsten Beschäftigung. Wenn ich backe, kann ich auch nach einem noch so stressigen Tag einfach abschalten. Für mich ist es eine Art Meditation. Ich bin keine große Köchin. Ich liebe es zwar, ab und an für meine Freunde und Familie zu kochen, aber das war's dann auch schon. Deshalb dreht sich in diesem Buch alles nur ums Backen.
Wenn ich etwas gelernt habe, dann das: mit Leidenschaft, Disziplin und Geduld klappt alles – früher oder später! Ich bin jeden Tag dankbar dafür, dass ich meine Lieblingsbeschäftigung zu meinem Beruf machen konnte und hoffe, auch Dich mit meiner Geschichte und diesen Rezepten inspirieren zu können.

ALLES LIEBE
DEINE

Eileen

MEINE ERNÄHRUNGSWEISE

•••

Wie schaffst Du es nur, auf so Vieles zu verzichten? Diese Frage bekomme ich immer wieder gestellt, meistens von Leuten, die noch nie eines meiner Rezepte ausprobiert haben. Ganz ehrlich: mir fällt es überhaupt nicht schwer, so zu essen, wie ich esse, denn ich vermisse in meiner Ernährung ABSOLUT nichts. Für mich bedeutet meine Ernährungsweise alles andere als Verzicht. Im Gegenteil: ich habe so viele großartige Zutaten und Lebensmittel zur Verfügung, die uns die Natur geschenkt hat. Hinzu kommen immer mehr neue Produkte wie veganer Käse, veganer Mozzarella und sogar leckere Fleischersatzprodukte.

Ich habe mich eine Zeitlang streng vegan ernährt. Allerdings merkte ich nach ein paar Monaten, dass diese Ernährung zu mir persönlich nicht passt. Denn obwohl ich mich überwiegend pflanzlich ernähre, esse ich hier und da auch tierische Produkte. Auf Milchprodukte verzichte ich komplett, da es weder meiner Verdauung noch meiner Haut gut tut. Wenn ich tierische Lebensmittel konsumiere, dann tue ich dies bewusst und achte auf die Qualität und Herkunft der Produkte – so esse ich nur tierische Lebensmittel aus biologischem Anbau. Im Restaurant bestelle ich meist vegane Gerichte.

Am ehesten würde ich meine Ernährungsweise als „Clean Eating" bezeichnen. Ich achte darauf, nur naturbelassene, unverarbeitete Lebensmittel, so wie sie in der Natur vorkommen, zu konsumieren. Ich meide Zusatzstoffe, Konservierungsstoffe und Geschmacksverstärker. Ich ernähre mich zu 90 Prozent pflanzlich, verzichte auf Milchprodukte und raffinierten Zucker.

GENUSS STATT VERZICHT

Ich finde es wichtig, dass man seine Ernährung genießt und nicht das Gefühl hat, auf etwas verzichten zu müssen. Wenn ich mit Freunden zusammen speise oder mal wieder Unmengen gebacken habe, schlage ich auch gerne mal über die Stränge und esse das ein oder andere Stück Kuchen zu viel – und das obwohl ich gar nicht mehr hungrig bin. Für mich ist das in Ordnung, solange ich es bewusst und mit Genuss tue.

Meine Haut ist übrigens auch geheilt, ich habe schon seit ein paar Jahren nicht mehr mit unreiner Haut zu kämpfen. Ich bin mir sicher, dass ich dies zu einem großen Teil auch meiner Ernährung zu verdanken habe.

Meine Rezepte sind das Ergebnis jahrelanger Küchenexperimente mit natürlichen Zutaten, einer großen Leidenschaft fürs gesunde Snacken und meiner Neugier, immer wieder Neues auszuprobieren. Ich freue mich, wenn ich Dich dazu inspirieren kann, Dich gesünder zu ernähren, ohne es als Verzicht ansehen zu müssen. Wenn Du mit einzelnen Zutaten nicht so viel anfangen kannst, probiere gerne eine eigene Variation aus! Denn vor allem sollen Dir meine Rezepte Freude bereiten und Dir die süßen Snacks schmecken! Ich freue mich auch immer über Feedback und Anregungen.

MEINE VORRATSKAMMER

•••

In diesem Kapitel bekommst Du einen kleinen Einblick in meine Küche. Hier stelle ich Grundzutaten vor, die ich gerne verwende und die sich im Laufe der Zeit bewährt haben. Du musst Dir natürlich nicht alle aufgelisteten Zutaten zulegen und kannst die Rezepte auch nach Belieben abwandeln. Dennoch wirst Du merken, dass meine Rezepte immer wieder auf den im Folgenden vorgestellten Zutaten basieren.
Ich liebe es zu backen, bin aber auch sehr ungeduldig. Ich habe keine Lust, für ein einziges Gericht Stunden in der Küche zu stehen. Deshalb versuche ich, meine Rezepte so einfach wie möglich zu halten. Das bedeutet auch, dass sich Zutaten wiederholen. Viele davon wirst Du wahrscheinlich ohnehin zuhause haben und falls nicht, erhältst Du sie in fast jedem Supermarkt. Bei einigen Zutaten lohnt es sich, einen kleinen Vorrat anzulegen, denn sie sind vielseitig einsetzbar.

DRANBLEIBEN

Eine Sache möchte ich vorweg noch erwähnen. Diese Art des Backens ist nicht wie das klassische Backen. Also nicht gleich aufgeben, falls der Teig mal ein wenig bröseliger ist oder die Konsistenz nicht dieselbe ist, wie Du sie vom klassischen Backen mit Mehl, Butter und Eiern gewohnt bist.

MEINE LIEBSTEN

ZUCKERALTERNATIVEN

...

Ohne Süßungsmittel macht das Backen für mich wenig Sinn. Ich verwende aber statt weißen, raffinierten Zuckers ausschließlich natürliche Süßungsmittel für meine Rezepte. Aber was ist eigentlich ein gesundes Süßungsmittel? Unser Körper verarbeitet Zucker in einem glykogenen Stoffwechsel, was bedeutet, dass Zucker sehr schnell in Energie umgewandelt wird und uns somit zur Verfügung steht. Herkömmlicher Haushaltszucker lässt unseren Blutzucker schnell ansteigen, dieser fällt jedoch genauso schnell wieder ab. Im Gegensatz dazu lassen natürliche Süßungsmittel den Blutzuckerspiegel langsamer ansteigen, geben dem Körper länger Energie und das, ohne dem Körper zu schaden. Außerdem sind sie nährstoffreicher, denn sie enthalten im Gegensatz zu raffiniertem Zucker Vitamine und Mineralstoffe. Ein Blick auf die Zutatenliste lohnt sich übrigens immer, denn auch hinter Glukose, Dextrose, Maltose, Fruktose-Glukose Sirup oder Maltodextrin, nur um ein paar zu nennen, versteckt sich raffinierter Zucker.

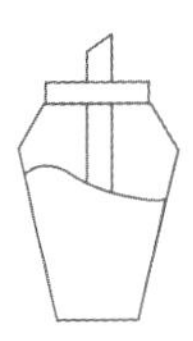

DATTELN

Zum Backen eignen sich Datteln hervorragend, da sie von Natur aus sehr süß sind und durch ihre klebrige Konsistenz gut binden. Am liebsten benutze ich Medjool-Datteln, die ich auch pur sehr gerne esse. Diese Datteart ist etwas größer und weicher als die gewöhnlichen Datteln, die man im Supermarkt kaufen kann. Datteln enthalten eine Menge Kalium und zudem Ballaststoffe. Falls Du keinen hochleistungsstarken Mixer oder Food-Prozessor besitzt, empfehle ich Dir, entweder Mejdool-Datteln zu verwenden oder die Datteln vorher kurz in heißes Wasser zu geben. Wusstest Du, dass es circa 1.500 verschiedene Dattelarten gibt?

DATTELSIRUP

Im Orient wird dieser Sirup schon seit Jahrhunderten eingesetzt.[5] Laut einer englischen Studie der Cardiff Metropolitan University wirkt Dattelsirup sogar ähnlich wie ein Antibiotikum. Ihm wird eine bakterienhemmende Wirkung nachgesagt.[6] Da Dattelsirup lediglich aus Wasser und Datteln besteht, kann man ihn ganz einfach selbst herstellen.

AHORNSIRUP

Ich persönlich bin ein großer Fan von Ahornsirup. Denn der aus dem kanadischen Ahornbaum gewonnene Sirup lässt sich sehr gut beim Backen einsetzen und hat dabei einen angenehm süßen Geschmack. Zudem enthält er eine Menge Mineralstoffe. Je dunkler der Sirup ist, umso später wurde er geerntet und umso mehr Antioxidantien sind enthalten. Die Süßkraft liegt im Vergleich zu weißem Zucker bei circa 60-70 Prozent.

KOKOSBLÜTENZUCKER

Kokosblütenzucker wird aus dem Saft der Kokosnusspalme gewonnen. Ich setze Kokosblütenzucker sehr gerne zum Backen ein, denn er hat einen karamelligen Geschmack und eine leichte Vanille-Note. Der Zucker hat einen sehr geringen Fructose-Anteil (im Gegensatz zu Agavensirup) und enthält einige Vitamine und Mineralstoffe. Der Vorteil ist, dass man braunen Zucker 1:1 durch Kokosblütenzucker ersetzen kann. Kokosblütensirup ist ebenfalls eine tolle Alternative und lässt sich ähnlich wie Dattelsirup verwenden.

REISSIRUP

Reissirup eignet sich sehr gut als Bindemittel, da er ähnliche Backeigenschaften wie Honig aufweist. Er hat eine sehr milde Süße und einen nussigen bis karamellähnlichen Geschmack. Reissirup enthält einen hohen Anteil an langkettigen Mehrfachzuckern, was dazu führt, dass der Blutzuckerspiegel nur sehr langsam ansteigt. Zudem ist der Fructose-Gehalt fast gleich null. Der Sirup ist reich an Mineralstoffen wie Eisen, Magnesium und Kalium. Verglichen mit herkömmlichem Zucker besitzt er allerdings nur eine Süßkraft von etwa 70 Prozent.

BIRKENZUCKER

Birkenzucker, auch als Xylit bekannt, ist ein weiterer Zuckerersatz, mit dem ich meine Speisen gerne süße. Er wird nicht direkt aus Birken gewonnen, sondern unter anderem aus den Resten von Maiskolben, Getreidekleie, Stroh und anderen landwirtschaftlichen Reststoffen. Birkenzucker ist kein synthetischer Zuckerersatz, auch wenn das viele denken, da er oft als E 967 gekennzeichnet wird. Ein weiterer Vorteil: Birkenzucker enthält weniger Kalorien als weißer Zucker.

AGAVENSIRUP

Agavensirup ist eine sehr günstige Alternative zu raffiniertem Zucker. Deshalb ist er auch in den meisten „gesünderen“ Snacks, die man im Supermarkt kaufen kann, enthalten. Allerdings besteht der Sirup in etwa zu 90 Prozent aus Fructose, weswegen ich ihn aus meinem Ernährungsplan gestrichen habe und auch nicht zum Backen verwende. Wenn Du Agavensirup dennoch benutzen möchtest, ist das überhaupt kein Problem, denn Du kannst ihn 1:1 wie Ahornsirup verwenden.

MEINE LIEBSTEN

ALTERNATIVEN ZU MILCHPRODUKTEN

•••

Ich verwende schon seit Langem keine tierische Milch mehr, denn mittlerweile gibt es eine Menge pflanzlicher Ersatzprodukte, die man fast in jedem Supermarkt kaufen kann. Grundsätzlich kannst Du herkömmliche Kuhmilch 1:1 durch pflanzliche Milch ersetzen. Auch Butter verwende ich schon sehr lange nicht mehr. Auch wenn es Margarine bereits seit vielen Jahren als Alternative gibt, bin ich kein großer Fan von Margarine, denn selbst die aus dem Biosupermarkt enthält meist Palmfett. Ich stelle Dir meine liebsten Zutaten vor, die sich super als Butterersatz machen. Allerdings gilt hier zu beachten, dass diese, anders als bei Milchersatz, Butter nicht 1:1 ersetzen können. Aber auch für gewöhnlichen Joghurt gibt es mittlerweile diverse Alternativen. Die weitverbreitetste Joghurtalternative ist Sojajoghurt, aber mittlerweile gibt es in den meisten Supermärkten ebenfalls Alternativen aus Mandeln, Hafer, Kokosnuss oder auch Lupinen in diversen Geschmacksrichtungen.

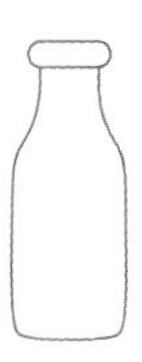

KOKOSMILCH

Kokosmilch hat einen verhältnismäßig hohen Fettgehalt (15–25 Prozent). Daher ist sie sehr cremig und lässt sich beim Backen gut einsetzen. Ich achte beim Kauf von Kokosmilch darauf, dass sie keine Zusatzstoffe enthält. Letztere werden nämlich dafür eingesetzt, dass sich oben kein Fett absetzt.

MANDELMILCH

Mandelmilch ist eine tolle Alternative zu herkömmlicher Milch. Ich verwende ungesüßte Mandelmilch gerne in meinen Rezepten, da sie relativ neutral schmeckt.

HAFERMILCH

Hafermilch mag ich neben Cashewmilch am liebsten. Sie hat einen leicht süßlichen Geschmack (besonders lecker im Kaffee) und ist zudem eine der günstigeren Milchalternativen. Es gibt, wie bei den Haferflocken, auch eine glutenfreie Version.

REISMILCH

Reismilch verwende ich sehr gerne zum Backen, da sie von Natur aus sehr süß ist und somit den Rezepten, im Gegensatz zu Mandelmilch oder Ähnlichem, eine gewisse Süße verleiht. Je nachdem wie süß Du es gerne magst, kannst Du die pflanzliche Milch in meinen Rezepten beliebig statt einer anderen Pflanzenmilch verwenden.

CASHEWMILCH

Mein absoluter Favorit: Cashewmilch. Sie hat einen leicht nussigen, süßlichen Geschmack, ist cremig und lässt sich außerdem wunderbar aufschäumen.

KOKOSJOGHURT

Meine liebste vegane Joghurtalternative ist die auf Basis von Kokosmilch, da sie einfach so wunderbar cremig und zudem sehr mild im Geschmack ist. Auch hier achte ich darauf, dass ich Kokosjoghurt ohne zugesetzten Zucker kaufe.

KOKOSÖL

Anstelle von Butter verwende ich am liebsten Kokosöl, denn es sorgt für eine sehr cremige Konsistenz. Durch seinen sehr hohen Rauchpunkt (höher als 200 Grad) ist es besonders hitzebeständig und eignet sich bestens zum Braten und Rösten, denn es oxidiert weniger schnell zu Transfett (siehe Seite 43). Es verleiht den Gerichten einen leichten Kokosgeschmack. Wenn Du das nicht so gerne magst, kannst Du stattdessen geschmacksneutrales Kokosöl (desodoriertes) verwenden. Zudem enthält Kokosöl eine Menge gesunder Fette. Ich verwende Kokosöl übrigens nicht nur zum Backen, sondern auch für meine Hautpflege. So mache ich mir oft Gesichtsmasken aus Heilerde, Manuka-Honig und etwas Kokosöl.

NUSSMUS

Nussmus lässt sich aus allen möglichen Nusssorten herstellen. Zu meinen Favoriten gehören Mandelmus, Cashewmus, Erdnussmus und Sesammus. Nussmus ist relativ teuer, aber man kann es ganz einfach mit einem Food-Prozessor selbst herstellen.

ERDNUSSMUS

Nicht zu verwechseln mit Erdnussbutter. Denn Erdnussbutter steckt meistens voller Palmöl und Zucker. Daher lohnt sich beim Einkauf immer ein Blick auf die Zutatenliste. Ich verwende für meine Rezepte gerne Crunchy Erdnussmus, da dieses noch einige grobe Erdnussstücke enthält.

TAHINI

Tahini ist auch als Sesammus bekannt, da es aus gemahlenen Sesamsamen besteht. Tahini stammt aus der orientalischen und afrikanischen Küche und verfeinert dort Speisen wie zum Beispiel Hummus. Das Mus ist reich an Vitamin B6, Calcium, Eisen und Magnesium. Es schmeckt etwas nussig mit einer leichten Bitternote.

KOKOSMUS

Kokosmus wird aus dem fein vermahlenen Fleisch der Kokosnuss gewonnen. Es ist reich an Kalium, Folsäure und B-Vitaminen. Beim Kauf achte ich darauf, dass das Kokosmus keine zugesetzten Stabilisatoren oder Emulgatoren enthält. Daher kann sich Öl an der Oberfläche absetzen.

Mein liebster

MEHLERSATZ

...

Seit Jahren schon benutze ich kein herkömmliches Mehl mehr für meine Rezepte und habe es seither keine einzige Sekunde vermisst. Es gibt mittlerweile wirklich viele tolle Alternativen und ich möchte Dir gerne ein paar meiner Lieblinge vorstellen. Falls Du Gluten gut verträgst, kannst Du auch Dinkelmehl verwenden, denn es ist weizenfrei und besser verdaulich als herkömmliches Weizenmehl. Da ich allerdings auch kein Dinkel vertrage, sind alle Rezepte in diesem Buch glutenfrei. Ich habe eine eigene glutenfreie Mehlmischung kreiert, die Du jedoch, wenn Du möchtest, ohne Probleme durch Dinkelmehl ersetzen kannst.

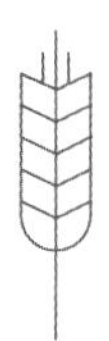

HAFERFLOCKEN/HAFERMEHL

Haferflocken habe ich immer auf Vorrat, denn sie eignen sich wunderbar zum Backen. Man erhält sie in jedem noch so kleinen Supermarkt und sie stecken voller Ballaststoffe, Vitamine, Eisen und Zink. Haferflocken sind von Natur aus ohne Gluten. Allerdings werden Haferflocken bei der Verarbeitung durch glutenhaltige Getreide verunreinigt. Wenn Du also unter Zöliakie leidest, solltest Du darauf achten, glutenfreie Haferflocken (diese gibt es mittlerweile fast überall) zu kaufen. Zum Backen verwende ich sehr gerne Hafermehl, dieses kannst Du entweder selbst herstellen, indem Du Haferflocken im Hochleistungsmixer zu Mehl vermahlst, oder fertig kaufen. Beachte hier allerdings, dass gekauftes Hafermehl sehr viel feiner ist als das selbst hergestellte Hafermehl und sich daher in der Verarbeitung etwas anders verhält. Solltest Du also selbst hergestelltes Hafermehl verwenden, kannst Du etwas mehr Mehl verwenden, falls der Teig zu flüssig sein sollte. Ich habe beispielsweise die Erfahrung gemacht, dass sich Kekse besser mit gekauftem Hafermehl formen lassen, da sich das Mehl besser verarbeiten lässt.

BUCHWEIZENMEHL

Auch Buchweizenmehl ist eine tolle Alternative. Trotz des Namens ist Buchweizen glutenfrei, denn es zählt zu den sogenannten Pseudogetreiden. Es enthält eine Menge Mineralstoffe wie Magnesium und Kalium. Außerdem ist Buchweizen reich an Ballaststoffen. Da der Geschmack ziemlich intensiv ist, verwende ich es gerne in Verbindung mit anderen Mehlsorten oder in Kombination mit Nüssen.

REISMEHL

Reismehl ist sehr vielseitig einsetzbar und kommt, meiner Meinung nach, von seiner Konsistenz her am ehesten an glutenhaltiges Mehl heran. Besonders Vollkornreismehl, welches ich überwiegend verwende, enthält B-Vitamine, Mineralstoffe, Calcium, Magnesium und Zink.

KOKOSMEHL

Ich verwende Kokosmehl sehr gerne zum Backen. Bei der Herstellung von Kokosmehl wird das frische Kokosnussfleisch getrocknet, entölt und anschließend zu Mehl vermahlen. Es hat einen aromatischen Kokos-Geschmack und enthält im Vergleich zu Kokosraspel nur ein Viertel an Fett. Außerdem steckt es voller Ballaststoffe und Eiweiß. Das Mehl besitzt eine sehr starke Saugkraft und lässt somit den Teig schneller austrocknen. Daher sollte man die Flüssigkeitsmenge immer etwas erhöhen, wenn man Kokosmehl verwendet.

KICHERERBSENMEHL

Kichererbsenmehl besteht aus gemahlenen, geschälten Kichererbsensamen. Der Vorteil des Mehls ist, dass es klebrig wird, sobald es mit Wasser in Verbindung kommt, was Kichererbsenmehl zu einem sehr guten Bindemittel macht. Außerdem steckt es voller Proteine und Ballaststoffe. Es ist sehr kräftig im Geschmack, weshalb ich es meist in Verbindung mit anderen Mehlen verwende.

MANDELMEHL

Mandelmehl sollte nicht mit gemahlenen Mandeln verwechselt werden, denn es entsteht durch die Pressung, Entölung und das Mahlen von ungerösteten Mandeln. Durch diesen Herstellungsprozess besitzt Mandelmehl einen viel geringeren Fettanteil sowie geringeren Kohlenhydratanteil als gemahlene Mandeln und ist außerdem feiner in der Struktur. Allerdings ist es dafür auch eine Ecke teurer als die klassischen, gemahlenen Mandeln und daher verwende ich es in meinen Rezepten nur in Maßen.

GLUTENFREIE MEHLMISCHUNG

Ich mische mir gerne meine eigene glutenfreie Mehlmischung zusammen. Für mich persönlich funktioniert dies im Verhältnis von circa 70 Prozent glutenfreie Mehlsorten wie Reisvollkornmehl, Hirsevollkornmehl oder Maismehl, zu 30 Prozent Stärke wie Mais- oder Kartoffelstärke und circa 5–10 Gramm Bindemittel/Verdickungsmittel wie Guarkernmehl oder Xanthan am besten. Das Rezept für meine Mehlmischung findest Du in meinen Basisrezepten (S. 76). Du kannst natürlich auch eine fertige glutenfreie Mehlmischung verwenden.

MAISMEHL

Maismehl enthält viele ungesättigte Fettsäuren und Mineralstoffe wie Calcium, Eisen, Natrium, Kalium, Phosphor und Eisen. Außerdem schmeckt es leicht süßlich mit einer nussigen Note und verleiht dem Teig eine angenehme, luftige Konsistenz.

MEINE LIEBSTEN

NÜSSE UND KERNE

•••

Nüsse gelten oft als Dickmacher oder Kalorienbomben, da sie sehr viel Fett enthalten (circa 50–75 G Fett auf 100 G). Aber Fett ist nicht gleich Fett. Man unterscheidet hier nämlich zwischen gesättigten und ungesättigten Fettsäuren. Letztere lassen sich nochmals in einfach und mehrfach ungesättigten Fettsäuren unterteilen. Die Sättigung der Fette wird durch deren Schmelzpunkt festgelegt. Je gesättigter ein Fett ist, desto höher ist der Schmelzpunkt. Gesättigte Fettsäuren sind bei einer Raumtemperatur von 20 Grad fest, ungesättigte Fettsäuren hingegen sind bei dieser Temperatur schon flüssig. Nüsse und Kerne sind eine wunderbare Fettquelle und in Maßen äußerst gesund. Sie besitzen ein sehr günstiges Verhältnis von Omega-6- zu Omega-3-Fettsäuren. Ebenso enthalten Nüsse und Kerne wichtige Vitamine, Mineralstoffe, Antioxidantien und Spurenelemente. Die meisten Antioxidantien stecken übrigens in der Haut der Nüsse. Auch geröstet schmecken sie hervorragend.

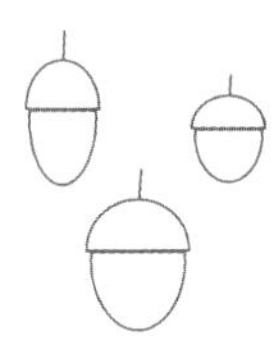

GESÄTTIGTE FETTSÄUREN

Gesättigte Fettsäuren finden sich hauptsächlich in tierischen Lebensmitteln wie Butter und Fleisch. Allerdings gibt es auch pflanzliche Fette wie beispielsweise Kokosöl und Palmöl, die einen hohen Anteil an gesättigten Fettsäuren aufweisen. Der Körper nutzt die gesättigten Fette überwiegend als Energiequelle und ist daher in der Lage, selbst gesättigte Fettsäuren aus Kohlenhydraten herzustellen. Gesättigte Fettsäuren galten lange Zeit als ungesund. Dies ist inzwischen widerlegt. Denn es gibt auch hier Qualitätsunterschiede. Kokosöl besteht beispielsweise zu 90 bis 97 Prozent aus gesättigten Fettsäuren, aber der Vorteil besteht darin, dass es stark erhitzt werden kann. Selbst bei hoher Erhitzung entstehen aus den enthaltenen gesättigten Fettsäuren keine ungesunden Transfettsäuren.

UNGESÄTTIGTE FETTSÄUREN

Ungesättigte Fettsäuren kommen primär in pflanzlichen Fetten vor.

EINFACH UNGESÄTTIGTE FETTSÄUREN

Einfach ungesättigte Fettsäuren helfen dem Körper dabei, fettlösliche Vitamine wie Vitamin A, D, E und K aufzunehmen. Diese Fettsäuren sind besonders leicht verdaulich und sollten wichtiger Bestandteil Deiner Ernährung sein. Sie sind in Lebensmitteln wie Nüssen, Samen, Avocados und Erdnüssen enthalten.

MEHRFACH UNGESÄTTIGTE FETTSÄUREN

Mehrfach ungesättigte Fettsäuren werden auch essentielle Fettsäuren genannt. Zu ihnen zählt man die Omega-3- und Omega-6-Fettsäuren. Sie können nicht vom Körper selbst hergestellt werden und müssen daher mit der Nahrung aufgenommen werden. Omega-3- und Omega-6- Fettsäuren spielen beispielsweise bei der Regulierung von Entzündungsprozessen eine wichtige Rolle. Aus Omega-3-Fettsäuren werden im Körper höher ungesättigte Fettsäuren gebildet, aus denen wiederum entzündungshemmende Stoffe gebildet werden.

OMEGA-6-FETTSÄUREN

Omega-6-Fettsäuren agieren als Bestandteile der Zellmembranen und regulieren unter anderem den Blutdruck. Sowohl Omega-6-Fettsäuren als auch Omega-3-Fettsäuren werden also vom Körper benötigt und müssen von außen zugeführt werden. Allerdings kommt es hier auf das richtige Verhältnis an. Das richtige Verhältnis von Omega-6 zu Omega-3 sollte bei einer ausgewogenen Ernährung bei 5:1 liegen, wird jedoch heutzutage tatsächlich im Durchschnitt in einem Verhältnis von 20:1 aufgenommen. Omega-3-Fettsäuren sind in natürlichen Lebensmitteln wie Leinsamen, Walnüssen und Chia-Samen enthalten. Wichtig ist es also, auf ein gutes Verhältnis von Omega-6- zu Omega-3-Fettsäuren zu achten.

TRANSFETTE

Bei den Transfetten handelt es sich um ungesättigte Fettsäuren. Sie stammen aus der industriellen Fettverarbeitung und haben einen negativen Einfluss auf unseren Körper. Sie wirken nicht nur entzündungsfördernd, sondern hemmen auch die positiven Eigenschaften der Omega-3-Fettsäuren. Transfette findet man in stark verarbeiteten Lebensmitteln wie Süßigkeiten, Croissants, Chips und Pommes.

OPTIMALE FETTQUELLEN

Nüsse und Kerne sind also eine wunderbare Fettquelle und in Maßen äußerst gesund. Ebenso enthalten sie wichtige Mineralstoffe und Spurenelemente.[7]

MANDELN

Mandeln verwende ich in meinen Rezepten tatsächlich am häufigsten. Sie lassen sich wunderbar einsetzen und sind dazu voller Nähr- und Vitalstoffe: sie enthalten Vitamin E, B-Vitamine, Calcium und Eisen. Außerdem sind Mandeln im Gegensatz zu anderen Nüssen basisch. Forschungen ergaben,[8] dass sich bereits drei bis vier Portionen Mandeln pro Woche positiv auf unsere Gesundheit auswirken und das Herzinfarktrisiko senken können. In meinen Rezepten verwende ich vor allem gemahlene Mandeln. Diese kannst Du entweder im Mixer oder Food-Prozessor herstellen oder im Supermarkt fertig kaufen.

CASHEWKERNE

Meine allerliebste Nuss ist die Cashew. Sie ist nicht nur sehr lecker, sondern auch reich an Vital- und Nährstoffen: So enthalten Cashewkerne eine Menge ungesättigter und mehrfach ungesättigter Fettsäuren, liefern Magnesium und Phosphor und viele B-Vitamine. Auch als Zutat beim Backen sind sie perfekt. Über Nacht eingeweichte Cashewkerne lassen sich wunderbar zu cremigen Massen verarbeiten.

HASELNÜSSE

Im Vergleich zu anderen Nussarten hat die Haselnuss einen relativ hohen Vitamin E-Anteil. Außerdem stecken Haselnüsse voller Eisen, Calcium, Magnesium und Zink. 90 Prozent der in Deutschland verkauften Haselnüsse stammen aus Italien und der Türkei. Ich setze Haselnüsse sehr gerne in Kombination mit Kakao ein, denn diese Kombination erinnert mich an eine sehr bekannte Nuss-Nougat-Creme, die ich als Kind geliebt habe.

WALNÜSSE

Der Walnuss sagt man nach, sie sei gut fürs Gehirn, nicht nur wegen ihres Aussehens. Sie ist außerdem reich an Omega-3-Fettsäuren und die einzige Nuss, welche die wichtige Omega-3-Fettsäure Alpha-Linolensäure enthält. Letztere sorgt dafür, dass der normale Cholesterinspiegel im Blut aufrechterhalten wird. Ich esse gerne eine Handvoll Walnüsse als Snack.

SONNENBLUMENKERNE

Ein Superfood, das aus Deutschland stammt. Die kleinen Kerne enthalten eine Menge Mineralstoffe, Vitamine und ungesättigte Fettsäuren.

KÜRBISKERNE

Kürbiskerne sind reich an ungesättigten Omega-6-Fettsäuren und enthalten außerdem Nährstoffe wie Eisen, Zink, Magnesium und Vitamin E.

ERDMANDELN

Erdmandeln, auch Tigernüsse oder Chufas genannt, sind entgegen ihres Namens weder Nüsse, noch gehören sie zu den Erdnüssen. Die Erdmandelpflanze gehört zur Familie der Sauergrasgewächse. Erdmandeln haben eine leicht nussige, süßliche Note und sind geschmacklich in etwa mit Haselnüssen und Mandeln zu vergleichen. Daher finde ich Erdmandeln eine tolle Alternative zu Nüssen. Anstelle von gemahlenen Nüssen kannst Du also gemahlene Erdmandeln oder Erdmandelmehl verwenden. Sie sorgen nicht für allergische Reaktionen und sind zudem noch basisch.

MEINE LIEBSTEN

HÜLSENFRÜCHTE

•••

Wahrscheinlich wirst Du dich jetzt wundern, was die Hülsenfrüchte hier als Backzutat zu suchen haben. Aber tatsächlich sind sie aus meinen Rezepten nicht mehr wegzudenken. Denn Hülsenfrüchte sind eine tolle Eiweißquelle und außerdem super Ballaststoff-Lieferanten. Dazu zählen Erbsen, Bohnen, Linsen, Lupinen aber auch Kichererbsen und Erdnüsse. Sie sättigen und das Tolle beim Backen: sie geben dem Teig eine cremige Konsistenz. Aber auch Hülsenfrüchte in Form von Mehl wie beispielsweise Kichererbsenmehl oder das noch recht unbekannte Süßlupinenmehl, das man in gut sortierten Supermärkten und Bioläden erhält, lassen sich als Backzutat wunderbar verarbeiten. Und ich verspreche Dir, keiner wird merken, dass in deinem Kuchen Hülsenfrüchte stecken. Wichtig ist dabei noch zu erwähnen, dass ich in meinen Rezepten bereits gekochte Hülsenfrüchte (mit Ausnahme der Erdnüsse) verwende. Ich verwende in meinen Rezepten immer bereits vorgekochte Kichererbsen und Kidneybohnen aus dem Glas, die es überall zu kaufen gibt.

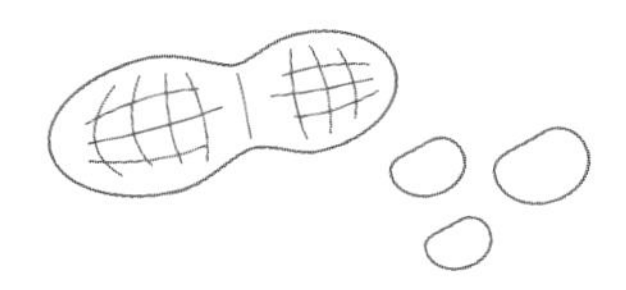

KICHERERBSEN

Kichererbsen gehören zu meinen liebsten pflanzlichen Eiweiß- und Ballaststoff-Quellen. Sie liefern mit circa 6 Milligramm Eisen pro 100 Gramm mehr Eisen als andere Hülsenfrüchte. Ich finde Kichererbsen hervorragend, denn sie lassen sich sehr vielseitig einsetzen. Außerdem lässt sich sogar das Kichererbsenwasser, das auch Aquafaba genannt wird und nur aus Eiweiß und Wasser besteht, wunderbar weiterverwenden. Denn es verhält sich ähnlich wie Eiweiß und lässt sich schaumig aufschlagen zu veganer Schlagsahne (Basisrezept S. 78), sowie in der Marzipan-Tarte (S. 200) oder auch im Schoko-Mousse (S. 256) verarbeiten.

KIDNEYBOHNEN

Kidneybohnen wurden aufgrund ihrer optischen Ähnlichkeit nach der menschlichen Niere (in Englisch: kidney) benannt. Sie enthalten Kalium, Calcium, Eisen und Magnesium. Kidneybohnen kann man entweder getrocknet oder bereits vorgegart in der Dose oder im Glas kaufen. Bei letzterer Version empfiehlt es sich, das Einweichwasser wegzuschütten und die Bohnen zudem mit kaltem Wasser abzuspülen. Das Abtropfwasser sollte, anders als bei Kichererbsen, weggeschüttet werden, da sich darin schwer verdauliche Stoffe gelöst haben können, die Blähungen begünstigen.

ERDNÜSSE

Ja, Erdnüsse gehören trotz ihres Namens tatsächlich zur Familie der Hülsenfrüchte und nicht zu den Nüssen. Sie sind mit 25 Prozent Proteinanteil eine sehr gute pflanzliche Eiweißquelle und enthalten zudem wichtige Vitamine und Mineralstoffe wie Biotin, Folsäure, Magnesium, Phosphor und Vitamin E.

MEINE LIEBSTEN

GEWÜRZE

...

Sowohl beim Backen als auch beim Kochen kann ich nicht auf Gewürze verzichten. Gewürze verleihen meinen Rezepten nicht nur das gewisse I-Tüpfelchen, sondern haben zudem auch einen positiven Effekt auf unsere Gesundheit. Im Alltag verwende ich gerne Gewürze wie Zimt, Kurkuma, Ingwer, Vanille oder Kakao. In einigen Rezepten wirst Du auch eine Prise Salz in der Zutatenliste finden. Das mag erstmal komisch klingen, aber tatsächlich gehört Salz für mich zum Backen dazu, denn das Salz sorgt dafür, dass die Süße des Gebäcks noch besser wahrgenommen wird. Ich verwende ausschließlich Meersalz oder Himalaya-Salz. Auch die abgeriebene Schale einer unbehandelten Orange oder Zitrone wirst Du in einigen Rezepten finden. Achte darauf, die Zitrone oder Orange vor dem Abreiben heiß abzuwaschen. In der Weihnachtszeit stelle ich außerdem oft meine eigene Lebkuchengewürzmischung aus Zimt, Kardamom, Nelken, Anis und Ingwer sowie Orangen- und Zitronenzeste her.

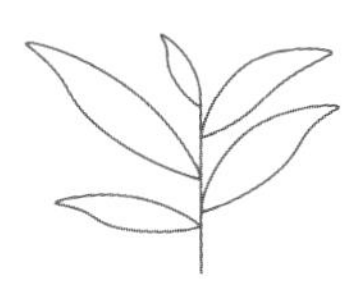

KURKUMA

Kurkuma gehört zur Ingwer-Familie und ist für seine entzündungshemmenden Eigenschaften bekannt. Bei Kurkuma sollte man darauf achten, es gemeinsam mit schwarzem Pfeffer zu verwenden, denn so wird es vom Körper besser aufgenommen.

ZIMT

Auch wenn man Zimt meistens mit Weihnachten verbindet, gehört dieses Gewürz das ganze Jahr über zum festen Bestandteil meiner Küche. Ich verwende ausschließlich Ceylon-Zimt aus Sri Lanka. Denn Ceylon-Zimt enthält im Unterschied zum günstigeren Cassia-Zimt sehr geringe Mengen an Cumarin, dieser Inhaltsstoff gilt in großen Mengen als gesundheitsschädlich und kann die Leber schädigen.[9]

KAKAO

Rohes Kakaopulver wird aus der ungerösteten Kakaobohne hergestellt. In diesem rohen Zustand enthält der Kakao eine Menge an Vitaminen, Mineralstoffen und steckt voller Antioxidantien. Das Pulver schmeckt zwar an sich etwas bitter, aber mit dem richtigen Süßungsmittel lassen sich damit sehr feine Gerichte zaubern.

VANILLE

Ich bin eine große Liebhaberin von Vanille, leider sind die Vanille-Preise in den letzten Jahren jedoch rapide gestiegen.[10] Ich persönlich finde, dass Vanille zu fast jeder Süßspeise passt. Man sagt, dass Vanille eine stärkende Wirkung hat und gute Laune macht. Ich habe sie in den meisten Rezepten bewusst weggelassen, da Vanille sehr teuer ist. Allerdings kommst Du mit einer kleinen Packung (25 G) in der Regel relativ lange aus.

MEINE LIEBSTEN

BINDE- BACKTRIEB- UND GELIERMITTEL

•••

Binde- und Backtriebmittel sind wichtige Inhaltsstoffe beim Backen. Backtriebmittel kommen dann zum Einsatz, wenn der Teig aufgelockert werden soll, wie beispielsweise bei Muffins oder Bananenbrot. Denn sie sind dafür verantwortlich, dass sich beim Backen Gasbläschen bilden und sich somit das Backvolumen vergrößert. Das bekannteste Backtriebmittel ist Backpulver. Bindemittel hingegen dienen dazu, den Teig zusammenzuhalten und zu verhindern, dass der Kuchen oder die Muffins zerfallen. Das bekannteste Bindemittel ist das Ei. Da ich keine Eier als Bindemittel verwende, greife ich auf pflanzliche Alternativen zurück. Ich finde, dass Chia Samen oder Leinsamen ein normales Ei am besten ersetzen. Im Laufe der Zeit habe ich aber noch mehr tolle Alternativen gefunden, die sich hervorragend als Binde- und Backtriebmittel einsetzen lassen und die ich immer zuhause im Vorratsschrank liegen habe. Auch zum klassischen Geliermittel habe ich eine wunderbare Alternative gefunden.

CHIA-SAMEN

Chia-Samen kommen ursprünglich aus Mexiko und wurden bereits von den Mayas und Azteken verwendet. Die kleinen Samen sind nicht nur für ihren hohen Gehalt an Omega-3-Fettsäuren bekannt. Sie eignen sich beim Backen besonders gut als Ei-Ersatz, denn wenn man die Samen mit etwas Flüssigkeit anrührt, erhält man eine geleeartige, bindende Konsistenz. Ich selbst bevorzuge allerdings die heimische Alternative: Leinsamen.

LEINSAMEN

Leinsamen beinhalten jede Menge Ballaststoffe, die eine verdauungsfördernde Wirkung haben. Außerdem sind sie, wie Chia-Samen, reich an Omega-3-Fettsäuren. Ich verwende für meine Rezepte ausschließlich geschrotete Leinsamen, denn durch das Schroten können die Nährstoffe vom Körper besser aufgenommen und verwertet werden. Ähnlich wie Chia-Samen eignen sich Leinsamen hervorragend als Ei-Ersatz. Wie man ein Leinsamen- oder Chia-Ei zaubert, erkläre ich Dir in meinen Basisrezepten (S. 68).

BANANEN

Reife, zerdrückte Bananen geben dem Gebäck nicht nur eine natürliche Süße, sondern eignen sich sehr gut als Bindemittel. Falls die Bananen noch nicht sehr reif sind, habe ich einen kleinen Trick, wie Du die Bananen in null Komma nix reif bekommst. Den Backofen auf 150 Grad Ober-/Unterhitze vorheizen. Die Bananen mit der Schale auf ein mit Backpapier ausgelegtes Backblech legen und circa 30-40 Minuten backen. Die Bananen abkühlen lassen, der Länge nach aufschneiden und dann die Schale quetschen, um die Frucht herauszudrücken.

APFELMUS

Apfelmus eignet sich gut als Bindemittel. Es ist relativ geschmacksneutral, denn der Apfel-Geschmack geht beim Backen fast vollständig verloren. Zudem verleiht es dem Teig eine angenehme Feuchtigkeit. Bei gekauftem Apfelmus solltest Du jedoch darauf achten, dass es ohne zugesetzten Zucker auskommt. Dies heißt dann meistens „Apfelmark". Apfelmus eignet sich ebenfalls gut als Ei-Ersatz. Circa 75–80 Gramm Apfelmus ersetzen ein Ei.

MAISSTÄRKE

Maisstärke kennt man meist als Speisestärke, sie ist ein tolles Bindemittel. Außerdem ist sie geschmacksneutral und lässt sich somit beim Backen hervorragend einsetzen. Allerdings muss Maisstärke erhitzt werden, um als Binde- und Verdickungsmittel wirken zu können. Speisestärke erhältst Du in fast jedem Supermarkt. Ich achte jedoch immer darauf, sie in Bio-Qualität zu kaufen.

KARTOFFELSTÄRKE

Kartoffelstärke wird, wie der Name bereits sagt, aus Kartoffeln hergestellt. Zum Binden und Andicken lässt sich Kartoffelstärke sehr gut einsetzen. Zudem ist sie geschmacksneutral. Bei dieser Stärke solltest Du ebenfalls darauf achten, Bio-Qualität zu verwenden.

GUARKERNMEHL

Guarkernmehl wird aus der Guarbohne gewonnen. Es ist, ähnlich wie Mais- und Kartoffelstärke geschmacksneutral und eignet sich hervorragend als Binde- und Verdickungsmittel. Bereits kleine Mengen Guarkernmehl

reichen aus, um sehr viel Wasser zu binden und Flüssigkeiten somit eine zähflüssige Konsistenz zu verleihen. Ein weiterer Vorteil von Guarkernmehl ist, dass es auch kalte Speisen bindet. Eine Dose Guarkernmehl hält mir eine Ewigkeit.

BACKPULVER

Backpulver gehört zum festen Bestandteil meiner Küchen-Essentials. Das Backtriebmittel besteht aus einem Kohlendioxidträger (z. B. Natron), Stärke und einem Säuerungsmittel (z. B. Weinstein oder Phosphat). Es sorgt dafür, dass das Gebäck aufgeht und der Teig gelockert wird. Herkömmliches Backpulver enthält jedoch meist Phosphat als Säuerungsmittel und somit Aluminium. Deswegen verwende ich ausschließlich Weinstein-Backpulver, das frei von Phosphat und Aluminium und zudem glutenfrei ist. Weinstein wird in Form von Salz bei der Herstellung von Wein, Sekt und Prosecco gewonnen. Weinstein-Backpulver enthält zudem Natron, das das Backpulver geschmacksneutral macht, da Weinstein und Natron erst durch das Erhitzen im Backofen miteinander reagieren. Wenn also in meinen Rezepten von Backpulver die Rede ist, meine ich immer Weinstein-Backpulver.

AGAR-AGAR

Statt Gelatine benutze ich Agar-Agar. Die vegane Alternative zu Geliermittel wird aus der Rotalge hergestellt und ist geschmacksneutral. Es lässt sich wunderbar zum Gelieren von Tortenguss, Pudding und Gelee einsetzen. Agar-Agar ist im Vergleich zu Gelatine relativ teuer, allerdings ist es ähnlich wie Guarkernmehl sehr ergiebig.

MEINE WICHTIGSTEN KÜCHENGERÄTE

•••

HOCHLEISTUNGSMIXER / MIXER

Der Hochleistungsmixer / Standmixer ist ein wichtiger Helfer in meiner Küche. Die meisten haben wahrscheinlich schon einen Mixer zuhause und möchten sich nicht unbedingt noch ein weiteres Küchengerät zulegen. Aus Erfahrung weiß ich, dass man die meisten Zutaten auch mit dem Mixer zerkleinert bekommt. Es benötigt einfach nur ein bisschen mehr Ausdauer und / oder Flüssigkeiten. Bevor ich mir einen sogenannten Food-Prozessor zugelegt habe, habe ich alles mit meinem Mixer zubereitet. Ich habe mir vor Ewigkeiten einen Vitamix gekauft und es keine Sekunde bereut. Es gibt jedoch auch einige kostengünstigere Hochleistungsmixer / Standmixer. Hier kann ich besonders die Modelle der Marke Omniblend oder KitchenAid empfehlen.

FOOD-PROZESSOR

Mittlerweile ist der Food-Prozessor bei mir sogar noch mehr im Einsatz als mein Hochleistungsmixer. Der Food-Prozessor eignet sich hervorragend, wenn nur feste Zutaten wie Nüsse und Datteln im Einsatz sind und zu Teigmassen, zum Beispiel für Energyballs, verarbeitet werden. Alles was sehr klebrig ist, lässt sich wunderbar im Food-Prozessor verarbeiten. Ich weiß, dass nicht jede/r von Euch ein solches Gerät zuhause hat. Ich benutze einen Food-Prozessor von Magimix, der allerdings etwas hochpreisiger ist, aber dafür optimal funktioniert. Es gibt aber auch kostengünstigere Food-Prozessoren, die sich hervorragend zum Backen eignen. Hier kann ich besonders die Modelle der Marke Philips oder KitchenAid empfehlen. Auch ein Thermomix hat die Funktionen eines Food-Prozessors.

DIGITALE KÜCHENWAAGE

Aus meiner Küche nicht mehr wegzudenken: die Küchenwaage. Früher habe ich ohne Küchenwaage, stets nach Gefühl, gebacken. Bis ich immer häufiger nach den Rezepten gefragt wurde und einfach keine Rezepturen weitergeben konnte, weil ich die genauen Mengenangaben nicht wusste. Ein paar Standardrezepte hatte ich im Kopf und den Rest habe ich nach Gefühl gezaubert. Schnell merkte ich jedoch, dass die Nachfrage da ist, und ich meine Rezepte aufs Papier bringen muss. So gerne und so viel ich auch experimentiere, ohne Küchenwaage geht es nicht mehr. Ich benutze eine herkömmliche digitale Küchenwaage, die es schon für wenig Geld überall zu kaufen gibt.

UND ZU GUTER LETZT NOCH EIN TIPP

Ich habe die Erfahrung gemacht, dass die Backzeiten von Ofen zu Ofen variieren können, und daher empfehle ich den Ofen im Auge zu behalten, damit nichts anbrennt. Oder vielleicht sind Dein Kuchen oder Deine Muffins an der Oberfläche schon dunkel, aber von innen noch nicht fertig gebacken, dann kannst Du das Gebäck mit etwas Folie bedecken und länger backen.

Außerdem ist es wichtig, das Gebäck gut abkühlen zu lassen, bevor man es aus der Form herausholt oder weiterverarbeitet. Meist braucht es circa 10–15 Minuten, um sich zu festigen und abzukühlen. Außer natürlich wenn das Rezept besagt, dass Du es im warmen Zustand weiterverarbeiten solltest.

MEINE ALLTAGSTIPPS

•••

1

GEMÜSE MEETS SWEETS

Gemüse (Süßkartoffeln, Kürbis, Rote Beete) und Hülsenfrüchte (Kichererbsen, Bohnen) in Süßspeisen zu mischen ist eine smarte Möglichkeit, um mehr Vitamine und Ballaststoffe in Deine Speisen zu integrieren. Glaub mir, keiner wird merken, dass sich in Deinen Brownies Süßkartoffeln verstecken oder der Teig Deines Kuchens aus Kichererbsen besteht.

2

BIO-LEBENSMITTEL

Ich versuche überwiegend Bio-Lebensmittel zu kaufen – wenn möglich in Demeter-Qualität. Demeter ist das älteste Öko-Qualitätslabel und verfügt über die strengsten Kriterien und Richtlinien. Mir ist bewusst, dass Bio-Lebensmittel um einiges teurer sind als konventionelle Produkte. Deshalb hier mein Tipp, bei welchen Obst- und Gemüsesorten es sich lohnt, die Bio-Variante zu kaufen. Bei diesen Produkten werden in der konventionellen Landwirtschaft nämlich extrem viele Pestizide eingesetzt:

ERDBEEREN, ÄPFEL, SPINAT, TOMATEN, PFIRSICHE, TRAUBEN, KIRSCHEN, PAPRIKA, KARTOFFELN, SELLERIE, BIRNEN, ERBSEN

Meine persönliche Einstellung ist: es muss nicht immer Bio sein. Ich bevorzuge herkömmliche Lebensmittel, wenn sie regional und saisonal sind, gegenüber Bio-Produkten, die einen langen Weg hinter sich haben. Saisonales Obst und Gemüse ist auch deutlich weniger mit Pestiziden belastet.

3

KEINE DIÄT, SONDERN EIN LIFESTYLE

Eine gesunde Ernährung ist eine Lebensweise und keine restriktive Diät. Auch im Urlaub kann man sich gesund ernähren und trotzdem im Restaurant eine leckere Mahlzeit genießen. Und wenn Du Lust auf eine Pizza oder ein Eis hast, dann solltest Du Dir dies auch gönnen.

UNTERWEGS VORBEREITET SEIN

Ich habe immer einen Snack in der Handtasche. Ernsthaft, ich gehe nie ohne einen Notfall-Snack aus dem Haus! Auch auf längeren Reisen packe ich immer meinen eigenen Proviant ein.

BRING DAS DESSERT MIT!

Wenn ich eingeladen werde, biete ich immer an, das Dessert mitzubringen. Die Gastgeber freuen sich, denn sie müssen sich nicht darum kümmern – und ich kann eine selbstgemachte, gesunde Nachspeise mitbringen. Alle sind dann überrascht, dass das Dessert vegan, außerdem frei von Gluten und sogar ohne raffinierten Zucker ist!

MEAL PREP

Steht für „meal preparation" und beschreibt die Vorbereitung von Mahlzeiten für mehrere Tage oder eine ganze Woche. Ich persönlich koche und backe oft einmal in der Woche, meistens an einem Sonntag, vor. Das spart mir unter der Woche wertvolle Zeit. Ich bereite mir fast alle Mahlzeiten vor: vom Mittagessen über den Nachmittags-Snack bis hin zum Abendessen.

ZUTATENLISTE CHECKEN

Ich checke immer die Zutatenliste im Supermarkt, bevor ich ein Produkt kaufe, das ich noch nicht kenne. Denn oft verstecken sich Zucker, Palmöl, Zusatzstoffe, Geschmacksverstärker und künstliche Süßstoffe in Produkten, in denen es überhaupt nicht erwarten würde.

EINFRIEREN

Besonders in stressigen Wochen, in denen ich weder unter der Woche noch am Wochenende Zeit habe, mir etwas vorzubereiten, bin ich dankbar, wenn ich etwas im Tiefkühlschrank eingefroren habe.

BALANCE IS THE KEY

Ich habe mir eine Zeitlang Lieblings-Lebensmittel wie Schokolade streng verboten. Aber es kam der Moment, in dem ich so Lust bekam auf ein Stück Schokolade. Also versuchte ich meine Gelüste mit anderen Lebensmitteln zu stillen. Nur, um dann am Ende doch das Stück Schokolade zu essen. Was ich damit sagen möchte: Wenn Du Lust auf ein Eis hast, dann erlaube es Dir. Meine Einstellung ist: Wer sich überwiegend gesund ernährt, darf sich auch alles in Maßen gönnen. Auf das Gleichgewicht kommt es an.

SEI KREATIV

Mit der Zeit wirst Du ein Gefühl dafür bekommen, welche Zutaten Du austauschen, durch andere ersetzen oder kombinieren kannst. Wenn Du beispielsweise kein Kokosmehl magst, entwickelst Du mit der Zeit ein Gespür, wie Du dieses ersetzen kannst. Dadurch wirst Du Deine ganz eigenen Variationen entwickeln, welche genau nach Deinem Geschmack sind.

REZEPTE

BASISREZEPTE

•••

Die zehn Basics sind Bestandteil vieler meiner Rezepte und Du findest sie immer wieder, entweder als Zutaten (wie beispielsweise die Leinsamen-/ Chia-Eier) oder als Ergänzung zu Kuchen, Keksen und Ähnlichem, da sie einfach hervorragend dazu schmecken (wie beispielsweise die Kokossahne). Du kannst das meiste davon auch im Supermarkt kaufen. Auch ich kaufe mir öfters mal Cashewmilch oder Zartbitterschokolade, anstatt sie selbst herzustellen. Wenn ich allerdings Zeit habe, dann bereite ich diese Grundrezepte sehr gerne selbst zu.

LEINSAMEN-EI / CHIA-EI

1 EL	Chia-Samen oder geschrotete Leinsamen
3 EL	Wasser

ERGIBT 1 EI

...

Die Samen und das Wasser in ein Glas geben und gut verrühren. Circa 10–20 Minuten quellen lassen und gelegentlich umrühren, damit sich unten nichts festsetzt. Ergibt ein Ei.

BIRKENPUDERZUCKER

200 G Birkenzucker

FOOD-PROZESSOR ODER MIXER NOTWENDIG

...

Den Birkenzucker in den Mixer oder Food-Prozessor geben und circa eine Minute auf höchster Stufe zu Puderzucker zermahlen. Dies kann beim Öffnen des Deckels ein wenig stauben.

CASHEWMILCH

200 G	Cashewkerne
1 L	Wasser
2	Medjool-Datteln
1	Prise Salz

MIXER NOTWENDIG

...

Die Cashewkerne mindestens 40 Minuten in kochendem Wasser einweichen. Mit einem Sieb das Wasser abgießen und die Cashewkerne in den Mixer geben. Wasser, Datteln und eine Prise Salz hinzugeben und circa 1–2 Minuten auf höchster Stufe mixen.

ZIMT-MANDELMUS

300 G	Mandeln
1 EL	Ahornsirup
1 TL	Zimt

FOOD-PROZESSOR ODER MIXER NOTWENDIG

...

Den Backofen auf 180 Grad Ober-/Unterhitze vorheizen.

Die Mandeln circa 5-8 Minuten im Backofen rösten, danach vollständig abkühlen lassen und in den Food-Prozessor geben. So lange mahlen, bis eine feste, cremige Konsistenz entsteht. Das kann je nach Gerät bis zu 20 Minuten dauern. Sobald sich eine cremige Masse gebildet hat, Ahornsirup und Zimt hinzugeben und weiterpürieren lassen. Das fertige Nussmus in ein Einmachglas füllen und an einem dunklen und kühlen Ort aufbewahren.

MEIN TIPP: Vor Weihnachten verfeinere ich das Mandelmus zusätzlich mit einem Teelöffel Lebkuchengewürz. Sollte sich mit der Zeit etwas Öl auf dem Mus absetzen, dieses nicht entfernen. Das Öl schützt das Nussmus davor, schlecht zu werden. Vor dem Gebrauch kannst Du es einfach einmal kurz umrühren.

GLUTENFREIE MEHLMISCHUNG

250 G	Reisvollkornmehl
100 G	Hirsevollkornmehl
100 G	Kartoffelstärke
50 G	Maisstärke
1 TL	Guarkernmehl

ERGIBT 500 G

...

Alle Zutaten in eine Schüssel geben und mit einem Löffel oder einem Schneebesen gut miteinander vermengen. In ein Glas füllen und fest verschließen.

VEGANE SCHLAGSAHNE

120 ML	Aquafaba
50 G	Birkenpuderzucker (Basisrezept S. 70)
1/2 TL	Guarkernmehl (gestrichen)
1/2 TL	Backpulver
4 TL	Zitronensaft

Optional: 100 G Kokosjoghurt

ERGIBT CIRCA 180 G (OHNE KOKOSJOGHURT)
ODER 280 G (MIT KOKOSJOGHURT)

...

Ein Abtropfsieb in eine Schüssel stellen und darin die Flüssigkeit von 1 Dose Kichererbsen abgiessen. Es sollte circa 120 ML ergeben.

Alle Zutaten außer den Birkenpuderzucker in eine Rührschüssel geben und für circa 2–3 Minuten mit dem Handrührgerät schaumig schlagen. Sobald die Konsistenz von Eischnee erreicht ist, den Birkenpuderzucker hinzugeben und so lange schaumig schlagen, bis eine Konsistenz von Sahne erreicht wird. Je länger Du die Masse schaumig schlägst, umso besser und schaumiger wird das Ergebnis. Das kann einige Minuten dauern.

Falls Du die Kichererbsen in der Sahne noch rausschmecken solltest, dann kannst Du am Ende den Kokosjoghurt hinzugeben und die Sahne nochmals für 2–3 Minuten aufschlagen. Die Sahne sollte direkt serviert oder weiterverwendet werden.

MEIN TIPP: Im Kühlschrank lagern und vor dem Servieren gegebenenfalls nochmals aufschlagen. Alternativ zu Guarkernmehl kannst Du auch Maisstärke verwenden, allerdings habe ich es mit beiden probiert und mit Guarkernmehl klappt es definitiv besser.

ZARTBITTERSCHOKOLADE

45 G Kakaobutter
30 G Kakaopulver
45 ML Ahornsirup

ERGIBT CIRCA 100 G ZARTBITTERSCHOKOLADE

...

Die Kakaobutter in einen Topf geben und bei sehr niedriger Temperatur erwärmen. Die restlichen Zutaten hinzugeben und gut umrühren. Wichtig ist, dass dabei kein Wasser in die Schüssel kommt.

Alternativ einen Topf mit Wasser füllen und erhitzen. Eine Schüssel vorsichtig in den Topf stellen. Unter Rühren die Kakaobutter darin schmelzen lassen, bis sie flüssig ist. Die restlichen Zutaten hinzugeben und gut umrühren. Die flüssigen Zutaten in eine Form gießen und im Kühlschrank aushärten lassen.

MEIN TIPP: Die Schokolade ist etwas weicher als die gekaufte aus dem Supermarkt, deshalb sollte man sie auch im Kühlschrank aufbewahren. Das geht am besten in einer Frischhaltedose.

GESALZENES VANILLE-CASHEWMUS

250 G	Cashewkerne
1 TL	Vanille-Pulver
1	Prise Salz

FOOD-PROZESSOR ODER MIXER NOTWENDIG

...

Den Backofen auf 180 Grad Ober-/Unterhitze vorheizen.

Die Cashewkerne circa 5-8 Minuten im Backofen rösten, danach vollständig abkühlen lassen und in den Food-Prozessor geben. So lange mahlen, bis eine feste, cremige Konsistenz entsteht. Das kann je nach Gerät bis zu 20 Minuten dauern. Sobald sich eine cremige Masse gebildet hat, das Salz und die Vanille hinzugeben. Das fertige Nussmus in ein Einmachglas füllen und an einem dunklen und kühlen Ort aufbewahren.

MEIN TIPP: Falls Dir das Nussmus noch zu dickflüssig ist, kannst Du auch noch etwas heißes Wasser hinzugeben. Sollte sich mit der Zeit etwas Öl auf dem Mus absetzen, dieses nicht entfernen. Das Öl schützt das Nussmus davor, schlecht zu werden. Vor dem Gebrauch kannst Du es einfach einmal kurz umrühren.

MANDEL/NUSS-NOUGAT-CREME

NUSS VARIANTE

400 G	Haselnüsse
75 ML	Ahornsirup
3 TL	Kakaopulver

MANDEL VARIANTE

240 G	Mandeln
250 ML	Reismilch
60 G	Kokosblütenzucker
40 G	Kakao
1 TL	geschmolzenes Kokosöl
1	Prise Salz

FOOD-PROZESSOR ODER MIXER NOTWENDIG

...

Den Backofen auf 180 Grad Ober-/Unterhitze vorheizen.

NUSS VARIANTE

Die Haselnüsse circa 8-10 Minuten im Backofen rösten und gut abkühlen lassen. Optional kannst Du die Schale der Haselnüsse entfernen. Ich lasse sie meistens dran. Die Haselnüsse in den Food-Prozessor geben und pürieren, bis das Öl aus den Haselnüssen austritt. Den Ahornsirup und das Kakaopulver hinzugeben und so lange pürieren, bis eine feine Haselnusscreme entsteht. Dies kann je nach Stärke des Food-Prozessors bis zu 15-20 Minuten dauern.

MANDEL VARIANTE

Die Mandeln für circa 5-8 Minuten im Backofen rösten und gut abkühlen lassen. Die Mandeln im Mixer zu Mehl vermahlen und dann auf höchster Stufe für circa 90 Sekunden mixen, den Mixer kurz ausschalten. Die restlichen Zutaten hinzugeben und so lange pürieren, bis ein cremiger Aufstrich entsteht.

CHIA-BEEREN-MARMELADE

200 G	gefrorene Himbeeren, Erdbeeren oder Waldbeeren
2 EL	Chia-Samen
3 EL	Ahornsirup

ERGIBT 1 GLAS MARMELADE

...

Die gefrorenen Beeren in einem Topf bei niedriger Hitze circa 8-10 Minuten köcheln lassen. Den Ahornsirup und die Chia-Samen hinzugeben, gut verrühren und circa 5-10 Minuten einkochen lassen. Den Topf vom Herd nehmen und circa 20-30 Minuten quellen lassen. Gelegentlich umrühren.

In ein sauberes Glas füllen und gut verschließen. Die Marmelade hält sich circa eine Woche im Kühlschrank.

REZEPTE

FRÜHSTÜCK

...

Meine absolute Lieblingsmahlzeit ist das Frühstück. Ich freue mich sogar schon am Vorabend darauf. Verrückt, ich weiß! Falls es Dir auch so geht, dann habe ich hier ein paar wirklich tolle Frühstücksrezepte für Dich. Einige davon, wie das Superfood-Granola (S. 110), das Cashew-Schoko-Granola (S. 112), die Zimt-Minis (S. 106) oder die Cookie-Dough-Knusperkugeln (S. 104), eignen sich wunderbar dafür, sie an einem Sonntag vorzubereiten. In einem geschlossenen, luftdichten Behälter lassen sie sich lange aufbewahren und in der Früh schnell zubereiten. Ich esse sie morgens gerne mit Pflanzenmilch, Joghurt und Früchten. Falls Du eher der Wochenend-Frühstücker bist, dann werden Dir die Waffeln (S. 96 & 98), Buchweizen-Crêpes (S. 94) oder Pancakes (S. 90 & 92) garantiert das ein oder andere Wochenende versüßen. Auch die Kartotten-Rosinenbrötchen (S. 116) lassen sich wunderbar einfrieren und so hast Du jederzeit ein paar gesunde Brötchen auf Vorrat. Am liebsten genieße ich sie mit Zimt-Mandelmus (S. 74) oder Chia-Beeren-Marmelade (S. 86).

BANANEN-PANCAKES

2	Bananen
130 G	Hafermehl
150 ML	Hafermilch
1 TL	Reissirup
1 TL	Backpulver
1/2 TL	Kokosöl zum Anbraten

ERGIBT 10-12 PANCAKES

...

Die Bananen mit einer Gabel zerdrücken. Hafermehl und Backpulver in eine Schüssel geben und verrühren. Die Bananenmasse, Reissirup und Hafermilch hinzugeben und gut verrühren.

In einer Pfanne (am besten einer beschichteten) etwas Kokosöl erhitzen und dann eine handtellergroße Menge Teig in die Pfanne geben.

Die Pancakes auf mittlerer Stufe 1-2 Minuten pro Seite anbraten, bis sie goldbraun sind und die Ränder fest sind.

MEIN TIPP: Du kannst die Pancakes einfach aufpimpen, indem Du eine Handvoll Blaubeeren in den Teig gibst.

FRÜHSTÜCK

APFEL-HAFER-PANCAKES

80 G	Hafermehl	1 TL	Mandelmus
80 G	Apfelmus	1 TL	Backpulver
15 G	Kokosblüten-zucker	1/2	Apfel (circa 70 G)
150 ML	Hafermilch	1/2 TL	Kokosöl zum Anbraten

ERGIBT 12-14 PANCAKES

...

Hafermehl, Kokosblütenzucker und Backpulver in eine Schüssel geben und verrühren.

Apfelmus, Mandelmus und Hafermilch hinzugeben und gut verrühren. Den Apfel in sehr dünne Scheiben schneiden, dann quer klein schneiden und unterheben.

Kokosöl in einer Pfanne (am besten einer beschichteten) erhitzen und dann eine handteller-große Menge Teig in die Pfanne geben.

Die Pancakes auf mittlerer Stufe circa 1-2 Minuten pro Seite anbraten, bis sie goldbraun sind und die Ränder fest sind.

MEIN TIPP: Ich verwende die Apfelsorte Boskop, da diese schneller weich wird als andere Sorten.

FRÜHSTÜCK

BUCHWEIZEN-CRÊPES

100 G	Buchweizenmehl
200 ML	Hafermilch
2 TL	Kokosblütenzucker
1/2 TL	Kokosöl zum Anbraten

ERGIBT 4 CRÊPES

...

Alle Zutaten, mit Ausnahme des Kokosöls, in eine Schüssel geben und mit dem Schneebesen glattrühren. Den Teig circa 10 Minuten ruhen lassen.

Ein wenig Kokosöl in eine große, beschichtete Pfanne geben und etwa 1/4 des Teigs in die Pfanne geben. Den Teig durch kreisförmige Bewegungen gleichmäßig und dünn bis zum Rand verteilen.

Crêpe bei mittlerer Hitze 2–3 Minuten braten, anschließend wenden und weitere 2–3 Minuten braten.

MEIN TIPP: Ich bestreiche die Crêpes am liebsten mit selbstgemachter Nuss-Nougat-Creme (Basisrezept S. 84) und rolle sie dann ein.

SCHOKO-BANANEN-WAFFELN

220 ML	Mandelmilch	2 EL	Kakaopulver
1	reife Banane	2 EL	Ahornsirup
100 G	Reismehl	4 TL	braunes Mandelmus
40 G	Buchweizenmehl	1/2 TL	Kokosöl zum Einfetten

MIXER NOTWENDIG / ERGIBT 4 WAFFELN

...

Die Banane mit der Mandelmilch im Mixer gut pürieren. Reismehl, Buchweizenmehl und Kakaopulver in eine Schüssel geben und vermengen. Bananenmilch, Ahornsirup und Mandelmus hinzugeben und mit Hilfe eines Löffels, Schneebesens oder Handrührgeräts gut verrühren. Circa 10 Minuten ruhen lassen.

In der Zwischenzeit das Waffeleisen vorheizen und mit etwas Kokosöl einreiben.

1/4 des Teigs portionsweise in das Waffeleisen geben und backen, bis die Waffel gebräunt ist. Mit einem Messer vorsichtig vom Waffeleisen lösen und herausnehmen. Die Waffel ist jetzt noch etwas weich, wird aber nach kurzem Abkühlen knusprig.

KLASSISCHE WAFFELN

150 G	Hafermehl	6 EL	Ahornsirup
2 TL	Backpulver	50 ML	geschmolzenes Kokosöl
180 G	Apfelmus	1	Prise Salz
1 EL	Maisstärke	1/2 TL	Kokosöl zum Einfetten

ERGIBT 4 WAFFELN

...

Alle Zutaten mit Hilfe eines Löffels, Schneebesens oder Handrührgeräts gut verrühren und circa 10 Minuten ruhen lassen.

In der Zwischenzeit das Waffeleisen vorheizen und mit etwas Kokosöl einreiben.

1/4 des Teigs portionsweise in das Waffeleisen geben und backen, bis die Waffel gebräunt ist. Mit einem Messer vorsichtig vom Waffeleisen lösen und herausnehmen. Die Waffel ist jetzt noch etwas weich, wird aber nach kurzem Abkühlen knusprig.

MOHNSCHNECKEN

FÜR DEN TEIG

120 G	Reismehl
80 G	Hafermehl
60 G	Maisstärke
220 G	Kichererbsen
100 G	Datteln
135 G	Reissirup
3 EL	Kokosöl
50 ML	Hafermilch
1 TL	Natron
1 TL	Backpulver

FÜR DIE FÜLLUNG

100 G	Blaumohn
150 ML	Reismilch
70 G	Kokosblütenzucker

FÜR DIE GLASUR

50 G	Birkenpuderzucker (Basisrezept S.70)
1–2 EL	Wasser

FOOD-PROZESSOR ODER MIXER NOTWENDIG / ERGIBT 25 STÜCK

...

Reismehl, Hafermehl, Maisstärke, Natron und Backpulver für den Teig in eine Schüssel geben und vermengen. Kichererbsen, Datteln, Reissirup, Hafermilch und Kokosöl in den Mixer oder Food-Prozessor geben und so lange mixen, bis ein glatter Teig entsteht. Den Kichererbsen-Mix zu den trockenen Zutaten in die Schüssel hinzugeben und mit den Händen oder dem Handrührgerät gut verkneten. Den Teig 30 Minuten in den Kühlschrank geben.

Den Blaumohn im Mixer vermahlen. Den gemahlenen Mohn mit der Reismilch und dem Kokosblütenzucker aufkochen lassen und bei geringer Hitze köcheln lassen, bis eine zähe Masse entsteht. Anschließend abkühlen lassen.

Den Backofen auf 180 Grad Ober-/Unterhitze vorheizen. Den Teig zu einer Kugel formen, auf ein Stück Backpapier geben und platt drücken. Nun ein zweites Stück Backpapier drauflegen und den Teig zwischen den Papieren mit Hilfe eines Nudelholzes zu einem Rechteck ausrollen. Den Teig nicht zu dünn ausrollen, da er sich sonst nicht gut einrollen lässt. Den Teig gleichmäßig mit der Mohnfüllung bestreichen. Anschließend den Teig einrollen und mit einem scharfen Messer in gleich große Stücke schneiden. Die Schnecken auf ein mit Backpapier ausgelegtes Backblech oder in eine gefettete Auflaufform geben. Für 20–25 Minuten auf mittlerer Schiene backen und gut abkühlen lassen.

Für die Glasur Birkenpuderzucker und Wasser (oder Kokosmilch) in eine Schüssel geben und zu einer dickflüssigen Glasur verrühren. Großzügig über die abgekühlten Schnecken streichen.

ZIMTSCHNECKEN

FÜR DEN TEIG

120 G Reismehl
80 G Hafermehl
60 G Maisstärke
220 G Kichererbsen
100 G Datteln
135 G Reissirup
3 EL Kokosöl
50 ML Hafermilch
1 TL Natron
1 TL Backpulver

FÜR DIE FÜLLUNG

50 G Datteln
20 G Kokosblütenzucker
3 TL Zimt
20 ML geschmolzenes Kokosöl
30 ML Wasser

FÜR DIE GLASUR

50 G Kokosjoghurt
2 TL Reissirup

FOOD-PROZESSOR ODER MIXER NOTWENDIG / ERGIBT 25 STÜCK

...

Reismehl, Hafermehl, Maisstärke, Natron und Backpulver für den Teig in eine Schüssel geben und vermengen. Kichererbsen, Datteln, Reissirup, Hafermilch und Kokosöl in den Mixer oder Food-Prozessor geben und so lange mixen, bis ein glatter Teig entsteht. Den Kichererbsen-Mix zu den trockenen Zutaten in die Schüssel hinzugeben und mit den Händen oder dem Handrührgerät gut verkneten. Den Teig 30 Minuten in den Kühlschrank geben.

Für die Füllung alle Zutaten in den Mixer oder Food Prozessor geben und pürieren, bis alles zerkleinert ist. Falls die Masse noch zu stückig ist, kannst Du etwas Wasser hinzufügen.

Den Backofen auf 180 Grad Ober-/Unterhitze vorheizen. Den Teig zu einer Kugel formen, auf ein Stück Backpapier geben und platt drücken. Nun ein zweites Stück Backpapier drauflegen und den Teig zwischen den Papieren mit Hilfe eines Nudelholzes zu einem Rechteck ausrollen. Den Teig nicht zu dünn ausrollen, da er sich sonst nicht gut einrollen lässt. Den Teig gleichmäßig mit der Zimtfüllung bestreichen. Anschließend den Teig einrollen und mit einem scharfen Messer in gleich große Stücke schneiden. Die Schnecken auf ein mit Backpapier ausgelegtes Backblech oder in eine gefettete Auflaufform geben. Für 20-25 Minuten auf mittlerer Schiene backen und gut abkühlen lassen.

Für die Glasur Kokosjoghurt und Reissirup in eine Schüssel geben und zu einer dickflüssigen Glasur verrühren. Großzügig über die abgekühlten Schnecken streichen.

COOKIE-DOUGH-KNUSPERKUGELN

170 G	Hafermehl	2 EL	Wasser
80 G	Kokosblütenzucker	1	Leinsamen-Ei (Basisrezept S. 68)
50 G	geschmolzenes Kokosöl	1 TL	Backpulver
40 G	Mandelmus	25 G	Kakao-Nibs

...

Den Backofen auf 175 Grad Ober-/Unterhitze vorheizen.

Hafermehl, Kokosblütenzucker und Backpulver in eine Schüssel geben und gut vermengen.

In eine separate Schüssel das Mandelmus sowie das geschmolzene Kokosöl geben. Beides gut verrühren und zu den restlichen Zutaten hinzugeben. Anschließend das Leinsamen-Ei hinzufügen und alles gut verkneten. Zuletzt die Kakao-Nibs sowie 2 EL Wasser untermischen und mit den Händen zu einem festen Teig verkneten.

Aus dem Teig kleine Mini-Kugeln (1-2 cm Durchmesser) formen und auf ein mit Backpapier ausgelegtes Backblech legen.

Die Mini-Kugeln im Ofen für 8-10 Minuten backen, bis sie goldbraun sind. Die Mini-Kugeln gut abkühlen lassen, denn sie werden erst knusprig, sobald sie abgekühlt sind.

MEIN TIPP: Der Teig ist etwas bröselig, daher braucht es beim Formen der Mini-Kugeln ein bisschen Geduld. Ich befeuchte meine Hände mit etwas Wasser, so lassen sich die Kugeln besser formen.

ZIMT-MINIS

FÜR DEN TEIG

200 G glutenfreie Mehlmischung (Basisrezept S. 76)
80 ML Reissirup
40 G geschmolzenes Kokosöl
55 G Kokosblütenzucker
60 G Apfelmus
3 TL Zimt
1/2 TL Vanille

FÜR DIE GLASUR

20 G Kokosblütenzucker
1 EL Zimt
2 TL geschmolzenes Kokosöl

...

Den Backofen auf 180 Grad Ober-/Unterhitze vorheizen.

In einer Schüssel alle Zutaten miteinander vermengen und gut verrühren. Der Teig sollte noch etwas klebrig sein. Die Hälfte des Teigs auf ein mit Backpapier ausgelegtes Backblech geben und ein wenig platt drücken. Die klebrige Masse mit einem Teigschaber ganz dünn, glatt und platt drücken (auf circa 0,5 cm). Du kannst den Teigschaber immer wieder mit etwas Wasser anfeuchten, damit es besser klappt. Die andere Hälfte des Teigs auf ein zweites mit Backpapier belegtes Backblech geben und ebenfalls mit dem Teigschaber zu einem dünnen Rechteck streichen.

Für die Glasur den Kokosblütenzucker, Zimt und Kokosöl in einer kleinen Schüssel verrühren. Die Glasur über den Teig verstreichen. Die Backbleche 10–12 Minuten im Ofen backen, bis der Teig leicht goldbraun ist. Den Teig, solange er noch warm ist, mit einem Pizzaschneider oder Messer in ganz kleine Quadrate schneiden und die Stücke auseinander schieben.

Den Backofen auf 175 Grad Umluft herunterdrehen. Die Zimt-Minis weitere 3–5 Minuten im Ofen backen und gut abkühlen lassen.

MEIN TIPP: In einem luftdichten Glas halten sich die Zimt-Minis circa zwei Wochen und schmecken herrlich zu einer Tasse Kaffee!

KURKUMA-MANDEL-GRANOLA

280 G	Haferflocken	50 G	getrocknete Apfelstücke
120 G	Mandeln	2 TL	Zimt
50 G	Walnüsse	1-2 TL	Kurkuma
170 ML	Ahornsirup	1 TL	Vanille
50 ML	geschmolzenes Kokosöl	1	Prise Salz

...

Den Backofen auf 160 Grad Ober-/Unterhitze vorheizen.

Haferflocken, Mandeln, Zimt, Kurkuma, Vanille und eine Prise Salz in eine Schüssel geben und vermengen. Die Walnüsse klein hacken und ebenfalls hinzugeben. Das geschmolzene Kokosöl sowie den Ahornsirup hinzufügen und gut verrühren. Achte darauf, dass alle Zutaten gut vermengt sind.

Das Granola eben auf einem mit Backpapier ausgelegten Backblech verteilen und circa 15-20 Minuten backen. Dabei einmal mit einer Gabel – oder noch besser einer Grillzange – den Mix wenden, damit es an den Seiten nicht anbrennt.

Die getrockneten Apfelstücke klein schneiden. Sobald das Granola gut abgekühlt ist, die Apfelstückchen hinzugeben, vermischen und dann in ein Vorratsglas geben.

KURKUMA
GRANOLA

NUSSFREIES SUPERFOOD-GRANOLA

160 G	Quinoa, ungekocht	60 G	Kokosraspel
100 G	Buchweizen, ungekocht	120 ML	Dattelsirup
90 G	Sonnenblumenkerne	4 EL	geschmolzenes Kokosöl
50 G	Kürbiskerne	25 G	Rosinen
		30 G	Cranberries
		1 TL	Vanille-Pulver
		1	Prise Salz

...

Den Backofen auf 160 Grad Ober-/Unterhitze vorheizen.

Die Quinoa gut spülen und abtropfen lassen. Quinoa, Buchweizen, Kerne, Kokosraspel, Vanille und Salz in eine Schüssel geben und umrühren. Das Kokosöl und den Dattelsirup hinzugeben und gut verrühren. Achte darauf, dass alles gut vermengt ist.

Die Granola-Mischung auf ein mit Backpapier belegtes Backblech geben und circa 10-15 Minuten im Ofen backen, je nachdem wie stark der Ofen heizt. Je kürzer die Backzeit, umso knuspriger wird das Granola.
Alle 5 Minuten mit einer Gabel den Mix wenden, damit die Seiten nicht anbrennen. Weitere 10 Minuten bei 80-100 Grad Ober-/Unterhitze backen und den Mix immer wieder mit der Gabel wenden.

Das Granola vollständig auskühlen lassen. Die Rosinen und Cranberries hinzugeben, gut verrühren und dann in ein Vorratsglas geben.

CASHEW-SCHOKO-GRANOLA

200 G	glutenfreie Haferflocken	2 EL	geschmolzenes Kokosöl
150 G	Cashewkerne	10 G	Kakaopulver
40 G	Kokos-Chips	30 G	Zartbitterschokolade (Basisrezept S. 80) oder Schokoladendrops
100 ML	Ahornsirup	1	Prise Salz

...

Den Ofen auf 160 Grad Ober-/Unterhitze vorheizen.

Haferflocken, Cashewkerne, Kokos-Chips, Kakaopulver und Salz in eine Schüssel geben und vermengen.

Ahornsirup und Kokosöl hinzugeben und gut verrühren. Die Hälfte der Schokoladendrops oder Zartbitterschokolade in kleine Stücke hacken und unterheben. Achte darauf, dass alles gut vermengt ist.

Das Granola auf ein mit Backpapier ausgelegtes Backblech geben und circa 20 Minuten backen. Nach 5-8 Minuten immer mal wieder mit der Gabel den Mix wenden, um sicher zu gehen, dass die Seiten nicht anbrennen. Das Blech aus dem Ofen nehmen und die restliche Schokolade hinzugeben, solange das Granola noch warm ist – gut vermengen. Das Granola abkühlen lassen und in ein Vorratsglas geben.

FRÜHSTÜCK

BANANEN-FLAPJACKS

200 G	Haferflocken	2 EL	Reissirup
75 G	Cashewkerne	50 G	Cranberries
4 TL	Cashewmus	2	sehr reife Bananen
15 G	Hanfsamen	Optional: 40 G Zartbitterschokolade	
30 G	Kokos-Chips	(Basisrezept S. 80)	

...

Den Backofen auf 160 Grad Ober-/Unterhitze vorheizen.

Cashewkerne mit dem Messer klein hacken. Haferflocken, Cashewkerne, Hanfsamen, Kokos-Chips und Cranberries in eine Schüssel geben und vermischen. Die Bananen mit einer Gabel zerdrücken und zu den anderen Zutaten geben. Am Ende den Reissirup und das Cashewmus hinzufügen und gut verrühren. Achte darauf, dass alles gleichmäßig verteilt ist.

Falls Du die Flapjacks noch ein wenig schokoladig machen möchtest, die Zartbitterschokolade klein hacken und unterheben.

Den Teig in eine mit Backpapier ausgelegte Backform hineingeben und gut mit den Händen festdrücken (ich befeuchte meine Hände mit Wasser, dann lässt sich die Masse besser festdrücken). Die Flapjacks circa 20-25 Minuten im Ofen backen und abkühlen lassen. Sobald der Teig abgekühlt ist, kannst Du ihn in gleich große Stücke schneiden.

MEIN TIPP: Die Variationen sind unzählig, denn Du kannst die Nüsse und das Nussmus auch beliebig ersetzen, beispielsweise durch Mandeln und Mandelmus.

FRÜHSTÜCK

KAROTTEN-ROSINENBRÖTCHEN

50 G	Kartoffelstärke oder Maisstärke	20 G	Kokosblütenzucker
50 G	geschrotete Leinsamen	1 EL	geschmolzenes Kokosöl oder Olivenöl
75 G	Hafermehl	70 G	Rosinen
75 G	gemahlene Mandeln	75 G	Karotten
1 TL	Guarkernmehl	1 TL	Backpulver
250 ML	lauwarme Hafermilch	1 TL	Natron
		2 TL	Zimt
		2	Prisen Salz
		Optional : 15 G Flohsamenschalen	

ERGIBT 8–10 STÜCK

...

Den Backofen auf 250 Grad Ober-/Unterhitze vorheizen.

Stärke, geschrotete Leinsamen, Hafermehl, Guarkernmehl, Flohsamenschalen, Kokosblütenzucker, Natron, Backpulver, Zimt, Salz in einer Schüssel vermengen. Die Karotten schälen und sehr fein reiben. Die lauwarme Hafermilch, das Öl und die geraspelten Karotten hinzufügen und mit einem Löffel oder den Händen gut zu einem Teig verkneten. Zuletzt die Rosinen unterkneten.

Damit der Teig nicht so sehr an den Händen klebt, kann man zum Kneten ein wenig Hafermehl verwenden. Nun daraus circa 8–10 Brötchen formen. Achte darauf, dass alle Rosinen im Teig versteckt sind, damit sie später beim Backen nicht verbrennen.

Die Temperatur auf 200 Grad herunterdrehen und die Brötchen auf mittlerer Schiene circa 35–40 Minuten backen.

REZEPTE

KEKSE

•••

Als Kind begann ich schon im Hochsommer Kekse zu backen – Kekse spielten also schon immer eine wichtige Rolle bei mir! Auch heute noch gehört das Plätzchenbacken zu meinen Lieblingsbeschäftigungen. Außerdem ist hier die Wartezeit nicht so lang, da die meisten Plätzchen nur zwischen 10 und 15 Minuten im Ofen backen müssen. Die Espresso-Schoko-Kekse (S. 128) gehören zu meinen Favoriten aus diesem Kapitel. Es mag vielleicht daran liegen, dass ich selbst eine große Kaffee-Liebhaberin bin. Aber auch meine fleißigen Tester, die normalerweise gar keinen Kaffee trinken, sind von diesen Keksen begeistert. Mit Cantuccini (S. 130) bin ich aufgewachsen. Mein Papa ist Italiener und meine Oma hat die Cantuccini immer in ihren Kaffee getunkt, was ich damals merkwürdig fand. Aber je älter ich wurde, desto mehr verstand ich, warum ihr die Cantuccini so gut schmeckten. Heute bin ich selbst ein großer Fan der knusprigen Kekse. Die Superfood-Kekse (S. 132) sowie die Bananen-Rosinen-Kekse (S. 124) stecken voller Nähr- und Ballaststoffe und eignen sich daher als Snack, wenn das kleine Mittagstief einsetzt.

GESALZENE ERDNUSS-KEKSE

100 G Erdnussmus (crunchy)
100 G Haferflocken
80 G Dattelsirup
5 TL geschmolzenes Kokosöl
1 EL Wasser
50 G Kokosmehl
Optional: 1 TL Vanille-Pulver
Optional: 2 Prisen Salz (falls das Erdnussmus ungesalzen ist)

ERGIBT 6-10 KEKSE

...

Den Backofen auf 180 Grad Ober-/Unterhitze vorheizen.

Alle Zutaten in eine Schüssel geben und gut vermengen. Gegebenenfalls den Teig mit den Händen weiter verkneten. Anschließend aus dem Teig gleich große Kugeln formen und zu Plätzchen platt drücken.

Die Plätzchen auf ein mit Backpapier ausgelegtes Backblech geben und circa 8-10 Minuten im Ofen backen. Gut abkühlen lassen.

MEIN TIPP: Ich benutze für dieses Rezept bewusst ein Erdnussmus, das nicht ganz fein vermahlen wurde, denn so enthält es noch Stückchen, die in den Keksen besonders gut schmecken.

KLASSISCHE SCHOKO-KEKSE

200 G	gemahlene Mandeln
80 G	Buchweizenmehl
50 G	Kokosblütenzucker
120 ML	Ahornsirup
4 TL	geschmolzenes Kokosöl
20 G	Kakaopulver
1 EL	Mandelmus
2	Chia-Eier (Basisrezept S. 68)
1	Prise Salz
Optional: 1–2 EL Wasser	

ERGIBT 9 KEKSE

...

Den Backofen auf 170 Grad Ober-/Unterhitze vorheizen.

Alle Zutaten in eine Schüssel geben und gut vermengen. Falls der Teig zu trocken ist, Wasser hinzugeben. Den Teig zu gleich großen Kugeln formen und zu dünnen Keksen platt drücken. Je dünner die Kekse sind, umso knuspriger werden sie.

Die Kekse auf ein mit Backpapier ausgelegtes Backblech geben und 15 Minuten backen. Die Kekse werden noch sehr weich sein, daher gut abkühlen lassen.

MEIN TIPP: Optional die Kekse mit etwas Zartbitterschokolade bestreichen und mit gefriergetrockneten Himbeeren garnieren.

BANANEN-ROSINEN-KEKSE

180 G	Haferflocken
50 G	Buchweizenmehl
90 G	Kokosblütenzucker
40 G	Rosinen oder Cranberries
1	Banane
2	Leinsamen-Eier (Basisrezept S. 68)

ERGIBT 8-10 KEKSE / NUSSFREI

...

Den Backofen auf 180 Grad Ober-/Unterhitze vorheizen.

Die Banane mit einer Gabel zerdrücken. Haferflocken, Buchweizenmehl und Kokosblütenzucker hinzugeben. Die Leinsamen-Eier hinzugeben und alle Zutaten miteinander vermengen. Anschließend die Rosinen oder Cranberries unterheben und verrühren.

Für einen Keks jeweils 1-2 Esslöffel Teig auf ein mit Backpapier ausgelegtes Backblech legen und etwas platt drücken.

12-15 Minuten im Ofen backen und gut abkühlen lassen.

MEIN TIPP: Die Kekse schmecken auch als Frühstück sehr gut! Statt Rosinen kannst Du auch andere getrocknete Früchte wie Cranberries, Aprikosen, Datteln oder Maulbeeren verwenden.

ZITRONEN-KEKSE MIT WEISSER SCHOKOLADE

FÜR DEN TEIG

70 G Haferflocken
200 G Hafermehl
100 ML Ahornsirup
45 ML geschmolzenes Kokosöl
1 TL Zitronenzeste
1 TL Vanille
1 Prise Salz

FÜR DIE GLASUR

100 G weiße Schokolade (vegan)
1 TL Zitronenzeste

ERGIBT 10 STÜCK / NUSSFREI

...

Den Backofen auf 180 Grad Ober-/Unterhitze vorheizen.

Alle Zutaten in eine Schüssel geben und so lange verkneten, bis ein fester Teig entsteht. Aus dem Teig Kugeln formen und mit den Händen leicht platt drücken.

Die Kekse auf ein mit Backpapier ausgelegtes Backblech geben und circa 8–10 Minuten backen. Die Kekse werden nun noch sehr hell und weich sein, härten aber aus, sobald sie abgekühlt sind. Die Kekse gut abkühlen lassen.

Die weiße Schokolade im Wasserbad schmelzen und die Kekse mit der Schokolade bestreichen.

Je eine Prise Zitronenzeste pro Keks über die Schokolade streuen und gut abkühlen lassen.

ESPRESSO-SCHOKO-KEKSE

50 G Hafermehl
50 G Haferflocken
50 G gemahlene Erdmandeln
85 G Kokosblütenzucker
20 ML Espresso (heiß)
1 EL geschmolzenes Kokosöl
80 ML Hafermilch
1 Leinsamen-Ei (Basisrezept S. 68)
50 G Schokoladendrops oder Zartbitterschokolade (Basisrezept S. 80)

ERGIBT 6-8 KEKSE / NUSSFREI

...

Den Backofen auf 180 Grad Ober-/Unterhitze vorheizen.

Hafermehl, Haferflocken, gemahlene Erdmandeln und Kokosblütenzucker in eine Schüssel geben. Anschließend Kokosöl, Hafermilch, Leinsamen-Ei sowie den heißen Espresso hinzugeben und gut verrühren. Die Schokoladendrops oder Zartbitterschokolade klein hacken und ebenfalls unterheben.

Der Teig wird nun noch relativ klebrig sein. Für einen Keks jeweils 2 EL Teig auf ein mit Backpapier ausgelegtes Backblech geben. Die Kekse circa 15-20 Minuten backen und gut auskühlen lassen.

MEIN TIPP: Solltest Du ein großer Kaffee-Liebhaber sein, kannst Du auch die doppelte Menge an Espresso verwenden und die Hafermilch dafür reduzieren.

MANDEL-CANTUCCINI

140 G	Mandeln	2 TL	Kardamom
200 G	gemahlene Mandeln	1 TL	Zitronenzeste
1	Leinsamen-Ei (Basisrezept S. 68)	100 ML	Ahornsirup
1 TL	Zimt	1	Prise Salz

Optional: 100 G Zartbitterschokolade (Basisrezept S. 80)

ERGIBT 24–28 CANTUCCINI

...

Den Backofen auf 180 Grad Ober-/Unterhitze vorheizen.

Mandeln bei mittlerer Hitze in einer Pfanne rösten, bis sie leicht gebräunt sind. Die Nüsse kurz abkühlen lassen und anschließend grob hacken. Gemahlene Mandeln, Kardamom, Zimt, Salz und Zitronenzeste in einer Schüssel verrühren und mit dem Ahornsirup, dem Leinsamen-Ei und den Mandeln zu einem Teig vermengen.

Den Teig zu zwei Rollen mit etwa 3 cm Durchmesser formen. Die Rollen auf ein mit Backpapier ausgelegtes Backblech geben und 15–20 Minuten backen, bis der Teig fest und goldgelb ist. Aus dem Ofen nehmen und mindestens 30 Minuten abkühlen lassen. Die Temperatur des Ofens auf 140 Grad Ober-/Unterhitze reduzieren.

Sobald die Masse gut abgekühlt ist, die Rollen mit einem scharfen Messer vorsichtig in circa 2 cm dicke Stücke schneiden. Mit der Schnittfläche nach oben auf das mit Backpapier ausgelegte Backblech legen und nochmals 20–25 Minuten in den Ofen geben. Aus dem Ofen nehmen und gut abkühlen lassen, bis die Cantuccini knusprig und hart sind.

SUPERFOOD-KEKSE

FÜR DEN TEIG

50 G geschrotete Leinsamen
50 G Chia-Samen
140 G Hafermehl
70 G Apfelmus
70 G Ahornsirup
50 G Datteln oder getrocknete Aprikosen
25 G Kürbiskerne
25 G Sonnenblumenkerne
50 ML Hafermilch oder Reismilch
Optional: 1 TL Vanille

FÜR DIE GLASUR

100 G Zartbitterschokolade (Basisrezept S. 80)

ERGIBT 12 KEKSE / NUSSFREI

...

Den Backofen auf 180 Grad Ober-/Unterhitze vorheizen.

Hafermehl, geschrotete Leinsamen, Chia-Samen, Kürbiskerne, Sonnenblumenkerne und Vanille in eine Schüssel geben und gut vermengen.

Die Datteln oder Aprikosen in kleine Stücke schneiden und hinzugeben. Pflanzliche Milch, Ahornsirup und Apfelmus ebenfalls hinzufügen und gut verrühren. Für einen Keks jeweils 1-2 Esslöffel Teig auf ein mit Backpapier ausgelegtes Backblech legen und etwas platt drücken. Circa 12 Minuten backen und gut abkühlen lassen.

In der Zwischenzeit die Zartbitterschokolade schmelzen und über die Kekse streichen oder träufeln.

MATCHA-KEKSE

100 G	Hafermehl	30 G	Kokosblütenzucker
30 G	Haferflocken	30 ML	Hafermilch
3 TL	Matcha-Pulver	1/2 TL	Natron
50 G	Mandelmus oder Tahini	1 TL	Backpulver
60 ML	Ahornsirup	50 G	weiße Schokolade (vegan)

ERGIBT 6 KEKSE

...

Den Backofen auf 180 Grad Ober-/Unterhitze vorheizen.

Hafermehl, Kokosblütenzucker, Matcha-Pulver, Natron und Backpulver in eine Schüssel geben und vermengen. Ahornsirup, Mandelmus und Hafermilch hinzugeben und mit dem Handrührgerät oder Schneebesen zu einem glatten Teig verrühren.

Der Teig wird nun sehr klebrig sein. Die Haferflocken hinzugeben und nochmals gut mit dem Schneebesen oder einem Löffel umrühren. Die vegane, weiße Schokolade in kleine bis mittelgroße Stücke hacken und unterheben.

Die Kekse zu gleich großen Kugeln formen und auf ein mit Backpapier ausgelegtes Backblech geben. Dann platt drücken. Optional mit noch mehr weißer Schokolade garnieren.

Circa 12-15 Minuten backen und gut abkühlen lassen. Die Kekse sind noch relativ weich, härten aber aus, sobald sie abgekühlt sind.

JAFFA-KEKSE

FÜR DEN TEIG

70 G Haferflocken
170 G Hafermehl
80 ML Ahornsirup
45 G geschmolzenes Kokosöl
1 Prise Salz
Optional: 1 TL Orangenzeste

MITTLERE SCHICHT

1 TL Agar-Agar
300 ML Orangensaft

FÜR DIE GLASUR

150 G Zartbitterschokolade (Basisrezept S. 80)

ERGIBT 10 KEKSE / NUSSFREI

...

Den Backofen auf 175 Grad Ober-/Unterhitze vorheizen.

Für die mittlere Schicht den Orangensaft mit einem Teelöffel Agar-Agar in einen kleinen Topf geben und bei mittlerer Hitze unter ständigem Rühren aufkochen und kurz köcheln lassen. Die Flüssigkeit in eine mit Backpapier ausgelegte Backform gießen und mindestens eine Stunde in den Kühlschrank geben, bis die Masse fest geworden ist.

In der Zwischenzeit Hafermehl, Haferflocken, Ahornsirup, Kokosöl und Salz in eine Schüssel geben und mit den Händen verkneten. Aus dem Teig circa 10 Kekse formen und mit dem Handrücken leicht platt drücken. Die Kekse auf ein mit Backpapier ausgelegtes Backblech geben und 10-12 Minuten backen.

Nun die gefestigte Orangen-Gelee-Mischung aus dem Kühlschrank nehmen und Kreise ausstechen – diese sollten ein bisschen kleiner als die Kekse sein. Je eine Orangenschicht auf einen Keks legen.

Die Zartbitterschokolade im Wasserbad erhitzen und die Kekse mit der geschmolzenen Schokolade bestreichen. Sobald die Schokoschicht kurz angetrocknet ist, nochmals mit Hilfe einer Gabel Schokolade drüber streichen. Die Kekse weitere 30 Minuten in den Kühlschrank geben, damit sich die Schokolade verfestigt.

SCHOKOLADENCHIP-KEKSE

120 ML	Mandelmilch	120 G	Hafermehl
50 G	geschmolzenes Kokosöl	50 G	Reismehl
		170 G	Haferflocken
120 G	Kokosblütenzucker	1 TL	Natron
70 G	Mandelmus oder Tahini	100 G	Schokoladendrops oder Zartbitterschokolade (Basisrezept S. 80)

ERGIBT 12 KEKSE

...

Den Backofen auf 180 Grad Ober-/Unterhitze vorheizen.

Alle Zutaten – bis auf die Zartbitterschokolade oder Schokoladendrops – in eine Schüssel geben und gut verrühren.

Anschließend die Schokoladendrops oder Zartbitterschokolade in kleine bis grobe Stücke hacken und vorsichtig in den Teig unterrühren. Die Kekse zu gleich großen Kugeln formen und auf ein mit Backpapier ausgelegtes Backblech geben. Dann platt drücken.

Circa 15–20 Minuten im Ofen backen und gut abkühlen lassen.

NO-BAKE PFEFFERMINZ-KEKSE

FÜR DEN TEIG

135 G	Datteln
80 G	Kokoscreme (der feste Teil der Kokosmilch)
60 G	Kokosmehl oder Hafermehl
1/2 TL	Pfefferminz-Extrakt oder Minzöl
1 TL	Spirulina-Pulver
15 G	Kakao-Nibs
1	Prise Salz

FÜR DIE GLASUR

120 G	Zartbitterschokolade (Basisrezept S. 80)
5 G	Kakao-Nibs

FOOD-PROZESSOR NOTWENDIG / NUSSFREI

...

Datteln und Kokoscreme in den Food-Prozessor geben und so lange mixen, bis die Datteln zerkleinert sind. Dann das Kokosmehl, Salz und Spirulina-Pulver sowie Pfefferminz-Extrakt hinzufügen und weiter mixen, bis ein bröseliger Teig entsteht, der zusammenklebt, wenn Du ihn mit den Fingern zusammendrückst.

Anschließend den Teig in eine Schüssel geben, die Kakao-Nibs hinzugeben und gut verkneten, sodass sie gleichmäßig verteilt sind. Den Teig in gleich große Kugeln rollen und mit der Hand platt drücken. Die Kekse circa eine Stunde in den Kühlschrank stellen.

Nun die Zartbitterschokolade schmelzen. Die Kekse mit Hilfe einer Gabel oder eines Löffels in die Schokolade eintauchen, bis sie komplett mit Schokolade ummantelt sind. Die überschüssige Schokolade abtropfen lassen und die Kekse auf ein mit Backpapier ausgelegtes Backgitter legen. Mit Kakao-Nibs bestreuen. Die Kekse in den Kühlschrank stellen, bis die Schokolade getrocknet ist.

REZEPTE

MUFFINS & BROWNIES

•••

Das Gute an den Gebäcksorten in diesem Kapitel ist, dass Du sie fast alle einfrieren kannst. Ich habe immer ein paar Muffins oder Brownies im Gefrierfach und backe mir diese kurz auf, wenn ich Lust darauf habe. Meistens so zwischen 3 und 4 Uhr, wenn ich ein kleines Nachmittagstief habe. Besonders die Blaubeer-Muffins (S. 156), Schoko-Bananen-Muffins (S. 154) und Marzipan-Fudge-Brownies (S. 152) eignen sich hervorragend zum Einfrieren, denn sie schmecken kurz aufgebacken einfach nur himmlisch! Aber auch die Erdmandel-Blondies (S. 150), die kleinen Schwestern der Brownies, sind eine tolle Abwechslung zu den klassischen Schoko-Brownies. Die Saisonalen Obst-Muffins (S. 166) sind sehr abwechslungsreich, denn Du kannst das Obst beliebig variieren. Ich mag sie im Sommer mit Rhabarber und im Herbst mit Zwetschgen am liebsten. Aber auch die Gesalzenen Nuss-Karamell Brownies (S. 146) schmecken so gut, dass Du Dich fragen wirst: kann gesund Gebackenes wirklich so lecker sein?

NO-BAKE WALNUSS-BROWNIES MIT CRUMBLE

FÜR DEN TEIG

260 G Walnüsse
400 G Datteln
90 G Kakaopulver
70 G Haferflocken
2 TL Zimt
7 EL Ahornsirup
1 Prise Salz

FÜR DIE GLASUR

150 G Zartbitterschokolade (Basisrezept S. 80)

FÜR DEN CRUMBLE

40 G Haferflocken
10 G Hafermehl
15 ML geschmolzenes Kokosöl
20 ML Ahornsirup
25 G Walnüsse

FOOD-PROZESSOR ODER MIXER NOTWENDIG / ERGIBT 15 STÜCK

...

230 G Walnüsse in den Food-Prozessor oder Mixer geben und fein vermahlen. Datteln, Haferflocken, Kakaopulver, Zimt und Salz durchmixen. Den Teig so lange pürieren, bis eine klebrige Masse entsteht. Den Ahornsirup hinzugeben. Der Teig sollte gut zusammenkleben. Ist dies nicht der Fall, kannst Du noch ein wenig Ahornsirup hinzugeben. Die restlichen Walnüsse grob hacken und zum Teig hinzugeben. Eine Backform mit Backpapier auslegen und den Brownie-Teig hineingeben. Die Brownies circa 20 Minuten in das Gefrierfach oder mindestens eine Stunde in den Kühlschrank geben.

Die Zartbitterschokolade im Wasserbad schmelzen und die Brownies bestreichen. Circa 10 Minuten in den Kühlschrank geben, damit die Schokolade antrocknet.

In der Zwischenzeit die Streusel vorbereiten: Die restlichen Walnüsse klein hacken oder mit der Hand zerbröckeln und in eine Schüssel geben. Kokosöl, Haferflocken, Hafermehl sowie den Ahornsirup hinzugeben und gut verrühren. Anschließend mit den Händen zu Streuseln kneten. Sobald die Schokolade angetrocknet ist, immer ein wenig von der Streuselmasse abzupfen und auf den Brownies verteilen. Die Brownies zurück in den Kühlschrank geben, bis die Schokolade komplett getrocknet ist.

GESALZENE NUSS-KARAMELL BROWNIES

FÜR DEN TEIG

100 G	Walnüsse
100 G	Mandeln
260 G	Medjool-Datteln
1 EL	Mandelmus
20 G	Kakaopulver
2	Prisen Salz

FÜR DAS KARAMELL

230 G	Medjool-Datteln
40 ML	Ahornsirup
30 G	Mandelmus
100 G	Kokosmus
1 TL	Kokosöl
2	Prisen Salz

FÜR DIE GLASUR

150 G	Zartbitterschokolade (Basisrezept S. 80)
9	Pekannüsse

FOOD-PROZESSOR ODER MIXER NOTWENDIG / ERGIBT 9 STÜCK

...

Den Backofen auf 180 Grad Ober-/Unterhitze vorheizen.

Walnüsse, Mandeln und Salz in den Food-Prozessor geben. So lange mixen, bis sich eine leicht krümelige Konsistenz bildet. Das Kakaopulver hinzufügen und weiter verrühren. Datteln und Mandelmus hinzugeben und einige Minuten vermengen, bis ein klebriger Teig entsteht. Eine Backform mit Backpapier auslegen, den Brownie-Teig gleichmäßig in die Form geben und festdrücken. Die Brownies 12-15 Minuten backen.

Währenddessen kannst Du das Karamell vorbereiten. Alle Zutaten in den Food-Prozessor oder Mixer geben und so lange pürieren, bis eine glatte und cremige Masse ohne Klümpchen entsteht. Mit einem Spatel das Karamell gleichmäßig auf dem Brownie-Boden verteilen.

Nun die Zartbitterschokolade schmelzen. Die Schokolade über die Karamell-Brownies gießen und gleichmäßig glatt streichen. Zum Abkühlen in den Kühlschrank stellen. Sobald die Schokolade etwas angetrocknet ist, mit den Pekannüssen verzieren und in 9 Stücke schneiden.

KOKOSNUSS-BROWNIES

125 G	Hafermehl	250 ML	Hafermilch oder Reismilch
75 G	Kokosmehl oder Hafermehl	50 ML	geschmolzenes Kokosöl
30 G	Kakaopulver	1 TL	Backpulver
100 G	Kokosblütenzucker	1	Prise Salz
50 G	Kokosraspel		
3 EL	Kokosraspel zum Garnieren		

ERGIBT 15 STÜCK / NUSSFREI

...

Den Backofen auf 180 Grad Ober-/Unterhitze vorheizen.

Hafermehl, Kokosmehl, Kokosraspel, Kakaopulver, Kokosblütenzucker, Backpulver und Salz in eine Schüssel geben und vermengen. Hafermilch und Kokosöl ebenfalls hinzugeben und so lange verrühren, bis eine zähe Masse entsteht.

Den Teig in eine mit Backpapier ausgelegte Backform geben und gut in die Ecken eindrücken. Mit einem Spatel oder Teigschaber nochmals glatt streichen und dann die Kokosraspel über den Teig streuen, eventuell etwas in den Teig hineindrücken. Die Brownies circa 30–35 Minuten backen und gut abkühlen lassen.

KICHERERBSEN-ERDMANDEL BLONDIES

220 G	Kichererbsen, gekocht	100 G	gemahlene Erdmandeln
70 G	braunes Mandelmus oder Erdmandelmus	50 G	Kichererbsenmehl
100 ML	Ahornsirup	100 ML	Hafermilch
		80 G	Schokoladendrops

FOOD-PROZESSOR ODER MIXER NOTWENDIG / ERGIBT 12 STÜCK

...

Den Backofen auf 180 Grad Ober-/Unterhitze vorheizen.

Kichererbsen, braunes Mandelmus, Ahornsirup und Hafermilch in den Mixer oder den Food-Prozessor geben und pürieren.

Die gemahlenen Erdmandeln und das Kichererbsenmehl in eine Schüssel geben und den Kichererbsen-Mix hinzugeben. Die Masse mit dem Rührbesen oder den Händen gut vermengen, sodass ein klebriger Teig entsteht. 70 G Schokoladendrops unterheben und nochmals gut umrühren.

Den Teig in eine mit Backpapier ausgelegte Backform geben und die restlichen Schokoladendrops in den oberen Teig hineindrücken. Die Blondies circa 25 Minuten backen und gut abkühlen lassen.

MEIN TIPP: Falls Du Kichererbsen aus der Dose oder dem Glas verwendest, könntest Du das Kichererbsenwasser beispielsweise für vegane Schlagsahne (Basisrezept S. 78) oder für das Fluffige Schoko-Mousse (S. 256) weiterverwenden.

Blondies

MARZIPAN-FUDGE-BROWNIES

240 G	Kidneybohnen, gekocht	80 G	Mandelmehl (für eine nussfreie Version: Erdmandelmehl)
250 G	Datteln	25 G	Kakaopulver
200 ML	Kokosmilch oder Reismilch	2 EL	Leinsamen, geschrotet oder Chia-Samen

MIXER NOTWENDIG / ERGIBT 15 STÜCK

...

Den Backofen auf 180 Grad Ober-/Unterhitze vorheizen.

Mandelmehl, Kakaopulver und geschrotete Leinsamen in eine Schüssel geben und gut vermengen. Kidneybohnen, Datteln und Kokosmilch in den Mixer geben und so lange pürieren, bis eine cremige Masse entsteht. Die pürierte Kidneybohnen-Masse zu den trockenen Zutaten hinzugeben und gut zu einem Teig verrühren.

Die Masse in eine mit Backpapier ausgelegte Backform geben und circa 20-30 Minuten backen, je nachdem wie stark Dein Backofen ist. Die Marzipan-Fudge-Brownies gut abkühlen lassen und dann in kleine rechteckige Stücke schneiden.

MEIN TIPP: Solltest Du kein Mandelmehl zuhause haben, kannst Du stattdessen auch gemahlene Mandeln verwenden. Gemahlene Erdmandeln passen hier nicht – Du kannst aber Erdmandelmehl verwenden, um die Fudge-Brownies nussfrei herzustellen.

SCHOKO-BANANEN-MUFFINS

FÜR DEN TEIG

3	reife Bananen
130 G	Hafermehl
40 G	Kakaopulver
1 TL	Backpulver
1/2 TL	Natron
90 ML	Reismilch oder Hafermilch
160 ML	Ahornsirup
1	Prise Salz
1	Leinsamen-Ei (Basisrezept S. 68)

FÜR DIE GLASUR

100 G	Zartbitterschokolade (Basisrezept S. 80)

ERGIBT 10 MUFFINS / NUSSFREI

...

Den Backofen auf 180 Grad Ober-/Unterhitze vorheizen.

Die Bananen mit einer Gabel fein zerdrücken und zur Seite stellen. Hafermehl, Kakaopulver, Backpulver, Natron und Salz in einer Schüssel vermengen. Die Bananen und das Leinsamen-Ei hinzugeben und untermengen. Unter Rühren den Ahornsirup sowie die pflanzliche Milch hinzufügen. Es sollte nun ein recht dickflüssiger Teig entstehen. Den Teig auf Muffin-Förmchen verteilen. Die Muffins circa 30-35 Minuten backen und anschließend gut abkühlen lassen.

Die Zartbitterschokolade schmelzen und über die Muffins streichen.

MEIN TIPP: Falls die Bananen noch nicht sehr reif sind, habe ich einen kleinen Trick, wie Du die Bananen sofort reif bekommst. Den Backofen auf 150 Grad Ober-/Unterhitze vorheizen. Die Bananen mit der Schale auf ein mit Backpapier ausgelegtes Backblech legen und je nach Größe der Bananen circa 30-40 Minuten backen. Die Bananen abkühlen lassen, der Länge nach aufschneiden und dann die Schale quetschen, um die Frucht herauszudrücken.

BLAUBEER-MUFFINS

200 G	Hafermehl	150 ML	Reismilch
60 G	gemahlene Mandeln	120 ML	Ahornsirup
125 G	Blaubeeren	4 TL	Maisstärke
50 G	Apfelmus	2 TL	Backpulver
5 EL	geschmolzenes Kokosöl	1 TL	Natron

ERGIBT 10 MUFFINS

...

Den Backofen auf 180 Grad Ober-/Unterhitze vorheizen.

Hafermehl, gemahlene Mandeln, Maisstärke, Natron und Backpulver in eine Schüssel geben und gut miteinander vermengen. Reismilch, Kokosöl, Ahornsirup und Apfelmus hinzugeben. Die Blaubeeren unterheben. Den Teig in Muffin-Förmchen geben.

25-30 Minuten im Ofen backen. Die Muffins gut abkühlen lassen, bevor Du sie aus der Form hebst.

MEIN TIPP: Im Winter ersetze ich die frischen Blaubeeren gerne durch gefrorene Himbeeren. Schmeckt mindestens genauso himmlisch! Je nachdem wie süß Du es gerne magst, kannst Du anstatt der Reismilch auch Hafermilch verwenden. Mit Reismilch werden die Muffins aber definitiv süßer!

KAROTTEN-CHAI-MUFFINS

FÜR DEN TEIG

120 ML	Hafermilch
180 G	Kokosjoghurt
85 G	Kokosblütenzucker
330 G	gemahlene Mandeln
60 G	Maisstärke
2 TL	Backpulver
3	mittelgroße Karotten
2	Teebeutel Chai-Tee (alternativ: 2 TL Chai-Gewürz)

FÜR DIE GLASUR

2 EL	Kokosblütenzucker
1 EL	Zimt

ERGIBT 12-14 MUFFINS

...

Den Backofen auf 180 Grad Ober-/Unterhitze vorheizen.

Gemahlene Mandeln, Kokosblütenzucker, Backpulver und Maisstärke in eine Schüssel geben. Die Chai-Teebeutel (ich verwende einen Chai-Vanille-Tee) aufschneiden und den Inhalt zu den restlichen Zutaten hinzugeben. Den Kokosjoghurt sowie die Hafermilch hinzugeben und gut verrühren. Die Karotten schälen, raspeln und unterheben. Jeweils 2 Esslöffel Teig in Muffin-Förmchen geben.

Für die Glasur den Kokosblütenzucker mit dem Zimt in einer kleinen Schüssel vermengen und gleichmäßig über die Muffins verteilen.

40-45 Minuten backen. Die Muffins gut abkühlen lassen – am besten im Kühlschrank.

MEIN TIPP: Verwende für ein selbstgemachtes Chai-Gewürz 3 TL Zimt, 2 TL gemahlenen Ingwer, 1 1/2 TL Kardamom, 1/2 TL Piment und 1/4 TL Nelken.

ZITRONEN-MOHN-MUFFINS

175 G	glutenfreie Mehlmischung (Basisrezept S. 76)	2 EL	Zitronenzeste (fein gerieben)
45 G	Haferflocken	80 ML	Zitronensaft
1 EL	Haferflocken zum Toppen	2 EL	geschmolzenes Kokosöl
1 EL	Blaumohn	60 ML	Hafermilch
3	Leinsamen-Eier (Basisrezept S. 68)	100 ML	Ahornsirup oder Dattelsirup
		65 G	Kokosblütenzucker
		1/2 EL	Backpulver
		1	Prise Salz

ERGIBT 6 MUFFINS / NUSSFREI

...

Den Backofen auf 180 Grad Ober-/Unterhitze vorheizen.

Glutenfreie Mehlmischung, Haferflocken, Zitronenzeste, Kokosblütenzucker, Blaumohn, Salz und Backpulver in eine Schüssel geben und vermengen. Leinsamen-Eier, Hafermilch, Ahornsirup, Zitronensaft und Kokosöl hinzugeben und gut verrühren. Den Teig in Muffin-Förmchen geben und mit Haferflocken bestreuen.

Circa 20-25 Minuten backen. Gut abkühlen lassen.

MEIN TIPP: Die Muffins werden nach einigen Tagen sehr hart, deswegen empfehle ich Dir, sie frisch zu verspeisen. Alternativ kannst Du die Muffins einfrieren und dann vor dem Servieren kurz aufbacken.

MUFFIN-CUPS MIT FLÜSSIGEM SCHOKOLADENKERN

FÜR DEN TEIG

100 G Reismehl
90 G Hafermehl
30 ML Kokosmilch
55 ML geschmolzenes Kokosöl
60 G Nussmus
155 ML Ahornsirup
20 G Kokosblütenzucker

FÜR DIE FÜLLUNG

60 G Zartbitterschokolade (Basisrezept S. 80)

ERGIBT 6 MUFFIN-CUPS

...

Den Backofen auf 180 Grad Ober-/Unterhitze vorheizen.

Das Kokosöl mit der Kokosmilch in einen Topf geben und auf niedriger Stufe erhitzen. Nussmus und Ahornsirup hinzugeben und gut verrühren.

Die restlichen Zutaten in eine Schüssel geben und dann die flüssigen Zutaten hinzugeben. Alles gut vermischen. 2/3 des Teiges in Muffin-Förmchen geben und je ein großes Schokoladenstück hineindrücken. Wieder etwas Teig hinzugeben und 15 Minuten im Ofen backen.

Die Muffin-Cups werden noch sehr weich sein, härten aber aus, sobald sie abgekühlt sind.

ERDBEER-SWIRL-BROWNIES

FÜR DEN TEIG

2	Leinsamen-Eier
100 G	Hafermehl
25 G	Kakaopulver
1/2 TL	Backpulver
175 ML	Hafermilch
190 G	Erdnussmus
120 G	Kokosblütenzucker
100 G	Schokoladenchips oder Zartbitter-schokolade
1	Prise Salz

FÜR DEN ERDBEER-SWIRL

200 G	frische Erdbeeren
1 EL	Kokosblütenzucker
1 EL	Wasser
1 EL	Chia-Samen

FÜR DEN ERDNUSSBUTTER-SWIRL

3 EL	Erdnussmus
5 EL	Ahornsirup

ERGIBT 15 STÜCK

...

Den Backofen auf 180 Grad Ober-/Unterhitze vorheizen.

Für den Erdbeer-Swirl die Erdbeeren, den Kokosblütenzucker und das Wasser in einer kleinen Pfanne bei mittlerer Hitze zum Kochen bringen. Dann die Hitze auf mittlere bis niedrige Stufe einstellen und 7-10 Minuten weiterköcheln lassen. Vom Herd nehmen und die Erdbeeren mit einer Gabel leicht zerdrücken. Die Erdbeer-Masse in ein Glas geben, 1 EL Chia-Samen hinzugeben und in den Kühlschrank stellen. Gelegentlich umrühren, damit das Ganze geliert.

Hafermehl, Kakaopulver, Backpulver und Salz in eine Schüssel geben und vermengen. Die restlichen Zutaten (außer die Schokolade) hinzufügen und gut verrühren. Es sollte nun ein dicker Teig entstehen. Anschließend die Schokolade unterheben. Den Teig in eine mit Kokosöl eingefettete oder alternativ mit Backpapier ausgelegte Backform füllen und verteilen.

Für den Erdnussbutter-Swirl das Erdnussmus und den Ahornsirup in einem kleinen Topf erhitzen, bis beides flüssig ist. Die Erdbeersauce auf den Brownie Teig streichen. Anschließend die Erdnusssauce darüber träufeln und mit einem Stäbchen einen Wirbel erzeugen.

Die Brownies circa 25-35 Minuten backen, je nachdem wie klebrig/weich Du die Brownies magst. Gut abkühlen lassen.

SAISONALE OBST-MUFFINS

130 G	Hafermehl	70 ML	Kokosöl
80 G	gemahlene Mandeln	180 G	Obst (Rhabarber, Brombeeren, Äpfel, Pflaumen oder Kirschen)
100 G	Maismehl	20 G	Obst zum Garnieren
50 G	Kokosblütenzucker	1 EL	Ahornsirup
175 ML	Hafermilch	2 TL	Backpulver
1 TL	Apfelessig	1 TL	Natron
140 G	Apfelmus	1/2 TL	gemahlener Ingwer

ERGIBT 8 MUFFINS

...

Den Backofen auf 180 Grad Ober-/Unterhitze vorheizen.

Hafermilch und Apfelessig in eine kleine Schüssel geben und zur Seite stellen.

Das Obst waschen, gegebenenfalls schälen und dann in kleine Stücke schneiden. Anschließend nach Belieben mit etwas Ahornsirup vermengen und zur Seite stellen.

Hafermehl, gemahlene Mandeln, Kokosblütenzucker, Maismehl, Backpulver, Natron und gemahlenen Ingwer in eine Schüssel geben und vermengen. Apfelessig-Hafermilch, Apfelmus, Kokosöl und Ahornsirup hinzufügen und gut verrühren. Das Obst unterheben und vorsichtig verrühren.

Den Teig auf Muffin-Förmchen verteilen und mit Obststücken garnieren. Circa 30-35 Minuten backen.

MEIN TIPP: Du kannst das Obst auch gerne mischen. Ich mache die Muffins manchmal mit einer Mischung aus Pflaumen und Brombeeren oder Kirschen und Rhabarber.

REZEPTE

BROTE, KUCHEN & TARTES

•••

Diese Rezepte sind so persönlich wie die Fotos in einem Familienalbum. Bei meiner Oma gibt es jeden Nachmittag Kaffee & Kuchen. Mittlerweile backt auch sie gesünder und hat schon den ein oder anderen Kuchen nach meinem Rezept gebacken, der bei der ganzen Verwandtschaft gut ankam. Und wenn es sogar der älteren Generation schmeckt, ist das für mich eines der größten Komplimente! Als Kind liebte ich übrigens Käsekuchen. Ich muss zugeben, dass es nicht leicht war, einen Käsekuchen zu kreieren, der gar keinen Käse enthält ... Es hat einige Versuche gebraucht, aber ich verspreche Dir, mein Veganer Käsekuchen (S. 188) schmeckt himmlisch! Die Apfel-Tarte (S. 180) ist der Lieblingskuchen meines Papas. Seit ein paar Jahren bekommt er nun zum Geburtstag diesen Kuchen und ist jedes Mal aufs Neue begeistert. Auch die Linzer Tarte (S. 170) gehört zu meinen Lieblingsrezepten in diesem Buch, ich habe sie schon unzählige Male gebacken und kann mich einfach nicht daran satt essen. Steht ein Geburtstag an und Du hast wenig Zeit, ist der Schnelle Schokokuchen (S. 174) Gold wert. Aber auch auf mein Bananenbrot (S. 192) mag ich am Wochenende nicht mehr verzichten. Da gönne ich mir das süße Brot nämlich auch zum Frühstück.

LINZER TARTE

FÜR DEN BODEN

220 G Kichererbsen, gekocht
190 G gemahlene Mandeln
150 G Buchweizenmehl
150 ML Ahornsirup
75 ML Kokosöl
1 TL geriebene Zitronenschale

FÜR DIE FÜLLUNG

375 G Chia-Beeren-Marmelade (Basisrezept S. 86) oder Aprikosenmarmelade oder Nuss-Nougat-Creme (Basisrezept S. 84)

MIXER NOTWENDIG / TARTEFORM MIT 22–24 CM DURCHMESSER

...

Den Backofen auf 185 Grad Ober-/Unterhitze vorheizen.

Kichererbsen, Ahornsirup und Kokosöl in den Mixer geben und zu einer glatten Masse pürieren. In einer Schüssel alle restlichen Zutaten miteinander vermengen. Das Kichererbsen-Püree hinzugeben und alles zu einem Teig verkneten. Eventuell die Hände zu Hilfe nehmen. Den Teig 30 Minuten zugedeckt im Kühlschrank ruhen lassen.

Eine Tarteform mit etwas Kokosöl einfetten. 2/3 des Teiges etwas größer als die Form ausrollen und in die Form drücken, dabei einen kleinen Rand bilden. Die Marmelade darauf verstreichen, dabei einen circa 1 cm breiten Rand frei lassen. Den übrigen Teig auf etwas Mehl ausrollen und mit einem Pizzaroller in lange Steifen schneiden. Die einzelnen Teigstreifen mit etwas Abstand über die Marmelade legen und an der Seite etwas festdrücken, sodass ein Gitter entsteht.

Circa 30–35 Minuten backen. Damit die Tarte oben nicht zu dunkel wird, nach 20 Minuten mit einer Folie abdecken oder ein Backblech auf die oberste Schiene legen. Die Tarte gut abkühlen lassen.

WALNUSS-BIRNENKUCHEN

200 G	Maismehl	3 EL	Apfelmus
80 G	blanchierte, gemahlene Mandeln	1	Leinsamen-Ei (Basisrezept S. 68)
100 G	Kokosblütenzucker	200 ML	Hafermilch
1 EL	Kokosblütenzucker zum Garnieren	2 TL	Backpulver
80 G	Walnüsse	1/2 TL	Natron
80 ML	geschmolzenes Kokosöl	1 TL	Zimt
1 TL	Apfelessig	3	kleine Birnen (400 G)
			Optional: 1 TL Guarkernmehl (gestrichen)

SPRINGFORM MIT 20-24 CM DURCHMESSER

...

Den Backofen auf 160 Grad Umluft vorheizen.

Maismehl, gemahlene Mandeln, Guarkernmehl, Backpulver, Natron, Zimt und Kokosblütenzucker in eine Schüssel geben und gut vermischen. Die Walnüsse klein hacken und ebenfalls hinzufügen.

Die Hafermilch mit dem Apfelessig verrühren. Anschließend Kokosöl, Apfelmus, Leinsamen-Ei sowie die Hafermilch mit dem Apfelessig zu den trockenen Zutaten hinzufügen und zu einem Teig verkneten. Den Teig in eine mit etwas Kokosöl eingefettete Springform füllen (ich verwende hier eine 24er Form). Die Birnen optional schälen (ich selbst lasse die Schale gerne dran), in sehr dünne Scheiben schneiden und fest in den Teig hineindrücken. Zum Schluss mit einem Esslöffel Kokosblütenzucker bestreuen.

Circa 40-45 Minuten backen. Je nachdem wie stark der Ofen ist, gegebenenfalls den Kuchen gegen Ende mit Folie bedecken. Den Ofen ausschalten und den Kuchen weitere 10 Minuten im Ofen stehen lassen.

MEIN TIPP: Mit selbstgemachter veganer Schlagsahne (Basisrezept S. 78) servieren!

SCHNELLER SCHOKOKUCHEN

FÜR DEN TEIG

75 G	Reismehl
150 G	gemahlene Mandeln
75 G	Kakaopulver
2 TL	Backpulver
180 ML	Reismilch
180 G	Datteln
120 ML	Ahornsirup
90 ML	geschmolzenes Kokosöl
1	Prise Salz

FÜR DIE GLASUR

100 G	Zartbitterschokolade (Basisrezepte S. 80)

MIXER NOTWENDIG / SPRINGFORM MIT 20–24 CM DURCHMESSER

...

Den Backofen auf 180 Grad Ober-/Unterhitze vorheizen.

Die Springform mit Kokosöl einfetten oder mit Backpapier auslegen. Datteln, Kokosöl, Reismilch und Ahornsirup in den Mixer geben und so lange pürieren, bis eine glatte Masse entsteht. Reismehl, gemahlene Mandeln, Kakaopulver, Backpulver und Salz in eine Schüssel geben und vermengen. Die flüssige Masse zu den trockenen Zutaten hinzugeben und gut verrühren.

Den Teig in die vorbereitete Form füllen und den Schokoladenkuchen im vorgeheizten Backofen auf der mittleren Schiene circa 30–35 Minuten backen.

Den Kuchen kurz abkühlen lassen.

In der Zwischenzeit die Glasur vorbereiten: Die Zartbitterschokolade in einem Topf oder Wasserbad schmelzen und gleichmäßig über den Kuchen streichen.

SCHOKO-TORTE MIT FROSTING

200 G gemahlene Mandeln
120 G Kokosblütenzucker
65 G Kakaopulver
50 G Maisstärke
1 TL Backpulver
150 ML Hafermilch oder Mandelmilch
80 G Apfelmus
45 ML geschmolzenes Kokosöl
40 G Zartbitterschokolade (Basisrezept S. 80)
40 G Mandelmus
1 Leinsamen-Ei (Basisrezept S. 68)
Optional: 1 TL Vanille

FÜR DAS FROSTING

230 G Zartbitterschokolade
200 G Kokoscreme (fester Bestandteil von 400 ML Kokosmilch, über Nacht in den Kühlschrank geben)

HANDRÜHRGERÄT + MIXER NOTWENDIG / SPRINGFORM 22-24 CM

...

Für die Tortenböden Kokosöl und Zartbitterschokolade schmelzen. In der Zwischenzeit alle trockenen Zutaten in eine Schüssel geben. Leinsamen-Ei, Apfelmus, geschmolzenes Kokosöl, Zartbitterschokolade, Mandelmus und pflanzliche Milch hinzufügen. Mit dem Handrührgerät alles zu einem festen Teig verrühren. Die Hälfte des Teiges in eine mit Kokosöl eingefettete oder mit Backpapier ausgelegte Springform geben und im vorgeheizten Backofen bei 180 Grad Ober-/Unterhitze circa 25 Minuten backen. Abkühlen lassen, dann andere Teighälfte in die Form füllen und die zweite Tortenschicht circa 25 Minuten backen.

Während der Boden gebacken wird, für das Frosting die Zartbitterschokolade im Wasserbad schmelzen. In einem Topf die Kokoscreme kurz aufkochen lassen. Anschließend die Kokoscreme und Zartbitterschokolade in einen Behälter geben und mit einem Handrührgerät oder einem Standmixer schaumig schlagen, bis die Masse glatt und cremig ist. Das Frosting bei Raumtemperatur aushärten lassen.

Den abgekühlten Kuchenboden auf einen Teller legen und mit 1/3 des Frostings bestreichen. Mit der zweiten Tortenschicht bedecken und diese ebenfalls mit 1/3 des Frostings bestreichen. Zum Schluss die Seiten der Tortenböden mit dem übrigen Frosting bestreichen, sodass der gesamte Kuchen mit einem Schokoladenüberzug versehen ist. Circa 1 Stunde in den Kühlschrank stellen.

MARMORKUCHEN

100 G	Buchweizenmehl	1 TL	Apfelessig
70 G	Reismehl	2,5 TL	Backpulver
100 G	blanchierte, gemahlene Mandeln	2 EL	Kakaopulver
70 G	Kartoffelstärke	60 ML	Reismilch
70 G	Kokosblüten-zucker	2 EL	Reismilch (30 ML)
3 EL	Mandelmus		
230 ML	Mineralwasser		
95 ML	Reissirup		

FÜR DIE GLASUR

100 G	Zartbitterschokolade (Basisrezept S. 80)

GUGELHUPFFORM MIT 22 CM DURCHMESSER ODER KASTENFORM

...

Den Backofen auf 160 Grad Umluft vorheizen.

Buchweizenmehl, Reismehl, gemahlene Mandeln, Kartoffelstärke, Kokosblütenzucker und Backpulver in eine Schüssel geben und gut vermengen. Den Apfelessig mit 60 ML Reismilch vermengen und beiseite stellen. Reissirup, Mandelmus und Mineralwasser zu den trockenen Zutaten hinzugeben und sorgfältig mit einem Rührgerät oder Rührbesen verrühren.

Nun die Mischung aus Reismilch und Apfelessig zum Teig hinzugeben. So lange verrühren, bis ein glatter Teig entsteht. 2/3 des Teigs in die mit etwas Kokosöl eingefettete Gugelhupfform/ Kastenform geben. Zum restlichen Teig das Kakaopulver und 2 EL Reismilch hinzugeben und so lange rühren, bis alles gut vermischt ist. Über den hellen Teig in der Form verteilen und mit einer Gabel oder einem dünnen Stäbchen beide Teige vorsichtig mischen, sodass das typische Marmormuster entsteht. 30–40 Minuten backen. Mit einer Gabel oder einem dünnen Stäbchen testen, ob der Kuchen fertig ist. Bleiben am Stäbchen oder der Gabel nur noch ein paar Krümel hängen, ist der Kuchen fertig. Gut abkühlen lassen. Anschließend vorsichtig aus der Form heben.

Die Zartbitterschokolade im Wasserbad schmelzen und über den Kuchen streichen.

APFEL-TARTE

FÜR DEN TEIG

135 G	gemahlene Mandeln
90 G	Hafermehl
50 G	geschmolzenes Kokosöl
5 TL	Ahornsirup
1	Leinsamen-Ei (Basisrezept S. 68)

FÜR DIE FÜLLUNG

3	Äpfel (Boskop)
6 EL	Apfelmus
2 EL	Ahornsirup
20 G	Rosinen
1 EL	frisch gepresster Zitronensaft
1 TL	Zitronenzeste
1 TL	Zimt
1 EL	Kokosblütenzucker
1 EL	Mandelsplitter zum Garnieren

TARTEFORM MIT 22-24 CM DURCHMESSER

...

Den Backofen auf 180 Grad Ober-/Unterhitze vorheizen.

Alle Zutaten miteinander vermischen, am Ende das Leinsamen-Ei unterrühren. Es muss ein klebriger Teig entstehen. Den Teig in eine mit etwas Kokosöl eingefettete Tarteform (ich verwende eine 22er Form) geben und gleichmäßig auf den Boden drücken. Mit den Handballen am Rand nach oben schieben. Mit einer Gabel in den Boden Löcher stechen. Circa 12 Minuten backen. In der Zwischenzeit kannst Du die Füllung vorbereiten: Äpfel schälen und in sehr dünne Spalten schneiden. Zimt, 2 EL Apfelmus, Ahornsirup, Rosinen, Zitronensaft und Zitronenzeste in eine Schüssel geben. Die Apfelspalten hinzugeben und vorsichtig miteinander vermischen.

Nun die Kuchenform aus dem Ofen nehmen und die restlichen 4 EL Apfelmus vorsichtig auf dem Boden verstreichen. Anschließend die Füllung auf dem Boden verteilen und mit dem Kokosblütenzucker und den Mandelsplittern bestreuen. Die Apfeltarte weitere 20-25 Minuten backen. Während der letzten 5 Minuten den Kuchen mit Backpapier abdecken, damit die Ränder nicht anbrennen. Danach gut abkühlen lassen.

MEIN TIPP: Ich empfehle die Apfelsorte Boskop, da diese schneller weich wird.

KAROTTENKUCHEN

2	Leinsamen-Eier
200 G	glutenfreie Mehlmischung
65 G	gemahlene Mandeln (nussfreie Version: Kokosraspel)
3 TL	Backpulver
1 TL	Natron
120 G	Apfelmus
80 ML	geschmolzenes Kokosöl
250 ML	Hafermilch
160 G	Kokosblütenzucker
1 TL	Zitronenzeste
1 EL	Zitronensaft
250 G	Karotten
1 TL	Maisstärke
1	Prise Salz

FÜR DAS FROSTING

60 G	Cashewkerne
70 G	Kokoscreme (der feste Teil der Kokosmilch)
25 ML	Kokosöl
40 ML	Ahornsirup
1 TL	Orangenzeste

MIXER NOTWENDIG (FÜR DAS FROSTING)
SPRINGFORM MIT 20–24 CM DURCHMESSER

...

Den Backofen auf 160 Grad Umluft vorheizen.

Die Mehlmischung, gemahlene Mandeln, Kokosblütenzucker, Natron, Backpulver, Zitronenzeste, Stärke und Salz in eine Schüssel geben und gut vermengen. Apfelmus, Leinsamen-Eier, Kokosöl, pflanzliche Milch und Zitronensaft hinzufügen und kurz mit dem Handrührgerät oder Schneebesen zu einem klebrigen Teig verrühren. Die Karotten schälen, sehr fein raspeln und ebenfalls hinzugeben. Die Masse nochmals rühren, allerdings nicht zu lange, damit der Teig schön locker bleibt. Die Masse in eine eingefettete oder mit Backpapier ausgelegte Form geben. Circa 55–60 Minuten backen, den Backofen ausschalten und den Kuchen weitere 30 Minuten im warmen Backofen stehen lassen. Den Kuchen anschließend gut abkühlen lassen.

In der Zwischenzeit das Frosting vorbereiten: Die Cashewkerne 30 Minuten in heißem Wasser einweichen. Anschließend in einem Sieb abtropfen und mit kaltem Wasser abspülen. Alle Zutaten in den Mixer geben und so lange pürieren, bis eine cremige, festere Masse entsteht. Sobald der Kuchen abgekühlt ist, die Creme mit einem Teigspatel oder -schaber gleichmäßig über den Kuchen verstreichen.

ZITRONENKUCHEN MIT FROSTING

FÜR DEN TEIG

150 G	Reismehl
50 G	Maisstärke
130 G	Maismehl
220 G	Kokosjoghurt
145 ML	Ahornsirup
4 TL	Zitronenzeste
30 G	Kokosblütenzucker
2,5 TL	Backpulver
30 ML	Zitronensaft

FÜR DAS FROSTING

100 G	Cashewkerne
50 ML	Ahornsirup
40 ML	Kokosöl
2 TL	Zitronenzeste
2 TL	Zitronensaft

FÜR DAS NUSSFREIE FROSTING

80 G	Birkenpuderzucker
20 ML	Zitronensaft

MIXER NOTWENDIG / KASTENFORM 25 CM

...

Den Backofen auf 180 Grad Ober-/Unterhitze vorheizen.

Reismehl, Maismehl, Maisstärke, Zitronenzeste, Kokosblütenzucker und Backpulver in eine Schüssel geben. Kokosjoghurt, Zitronensaft und Ahornsirup hinzugeben und mit einem Schneebesen gut verrühren. Den Teig in eine mit Backpapier ausgelegte oder mit Kokosöl eingefettete Kastenform geben und 25–30 Minuten backen.

In der Zwischenzeit das Frosting vorbereiten: Die Cashewkerne 30 Minuten in heißem Wasser einweichen. Anschließend in einem Sieb abtropfen und mit kaltem Wasser abspülen. Alle Zutaten in den Mixer geben und so lange pürieren, bis eine cremige, festere Masse entsteht. Anschließend diese Creme mit einem Teigspatel oder -schaber gleichmäßig über den Kuchen streichen.

Für das nussfreie Frosting: Den Birkenpuderzucker (Basisrezept S. 70) mit dem Zitronensaft in eine Schüssel geben und gut verrühren. Die Glasur circa 30–45 Minuten ins Gefrierfach geben. Sobald der Kuchen abgekühlt ist, die Glasur mit einem Löffel gleichmäßig über den Kuchen verstreichen. Den Kuchen mindestens eine Stunde in den Kühlschrank stellen.

OBST-STREUSELKUCHEN

FÜR DEN TEIG

160 G	Kokosmehl
80 G	Hafermehl
65 G	gemahlene Mandeln
150 ML	Ahornsirup
40 ML	Wasser
20 G	Mandelmus
80 ML	geschmolzenes Kokosöl
2	Leinsamen-Eier (Basisrezept S. 68)

FÜR DIE FÜLLUNG

500 G	Rhabarber, Äpfel oder Pflaumen
1-4 EL	Ahornsirup (je nachdem wie süß das Obst ist)

FÜR DIE STREUSEL

80 G	gehackte Walnüsse
100 G	glutenfreie Mehlmischung (Basisrezept S. 76)
60 ML	geschmolzenes Kokosöl
40 G	Haferflocken
40 G	Kokosblütenzucker
1 EL	Mandelmus

SPRINGFORM MIT 24-28 CM DURCHMESSER

...

Den Backofen auf 160 Grad Umluft vorheizen.

Alle Zutaten für den Teig miteinander mischen und verkneten. Sollte der Teig zu bröselig sein, kannst Du noch mehr Wasser hinzugeben. Eine Springform oder eine Auflaufform mit Backpapier auslegen oder alternativ mit Kokosöl bestreichen. Den Teig in die Backform geben. Optional, je nach Größe und Form der Backform, einen Rand bilden. Mit der Gabel in den Boden einstechen.

Das Obst schälen und in circa 1-2 cm große Stücke schneiden. Den Ahornsirup mit dem Obst in einer Schüssel vermischen und die Mischung nun auf dem Kuchenboden verteilen. Alle Zutaten zu Streuseln verkneten und über das Obst streuen. Circa 35-40 Minuten backen und gut abkühlen lassen.

VEGANER KÄSEKUCHEN

FÜR DEN BODEN

135 G	gemahlene Mandeln
90 G	Hafermehl
50 ML	geschmolzenes Kokosöl
1	Leinsamen-Ei (Basisrezept S. 68)
6 TL	Ahornsirup

FÜR DIE GLASUR

1 EL	Ahornsirup

FÜR DIE FÜLLUNG

200 G	Cashewkerne
400 G	Kokosjoghurt
220 G	Kichererbsen, gekocht
2 EL	Maisstärke
1 EL	Mandelmus
2 TL	Vanille-Pulver
1 TL	Zitronenzeste
4 EL	Zitronensaft
2 EL	Apfelessig
10 EL	Ahornsirup

FOOD-PROZESSOR ODER MIXER NOTWENDIG / SPRINGFORM 22-24 CM

...

Den Backofen auf 160 Grad Umluft vorheizen.

Für den Boden Hafermehl, gemahlene Mandeln, Kokosöl und Ahornsirup in eine Schüssel geben und vermengen. Zum Schluss das Leinsamen-Ei unterrühren. Es muss ein klebriger Teig entstehen. Den Teig in eine mit etwas Kokosöl eingefettete Springform geben (ich verwende eine 24er-Form) und gleichmäßig auf den Boden drücken. Anschließend in den Kühlschrank stellen.

Die Cashewkerne für mindestens 30 Minuten in heißem Wasser einweichen. Anschließend abgießen und mit kaltem Wasser abspülen. Alle Zutaten für die Füllung in den Mixer oder den Food-Prozessor geben und so lange mixen, bis eine cremige Masse entsteht. Die Kuchenfüllung in die Springform gießen. Den Kuchen circa 45-50 Minuten backen.

Die Kuchenoberfläche, solange der Kuchen noch warm ist, mit Hilfe eines Pinsels mit Ahornsirup bestreichen. Den Kuchen bei Zimmertemperatur erkalten lassen und anschließend noch mindestens 1-2 Stunden oder über Nacht in den Kühlschrank geben, damit die Masse richtig fest werden kann.

SCHOKO-ERDNUSS BANANENBROT

4	reife Bananen (400 G)
1	Banane zum Garnieren
175 G	Hafermehl
50 G	Kokosblütenzucker
20 G	Kakaopulver
100 G	Erdnussmus
1 TL	Backpulver

Optional: 1 Handvoll Schokodrops

MIXER OPTIONAL / KASTENFORM 25 CM

...

Den Backofen auf 180 Grad Ober-/Unterhitze vorheizen.

Hafermehl, Kokosblütenzucker, Kakaopulver und Backpulver in einer Schüssel vermengen. Vier Bananen mit dem Erdnussmus in den Mixer geben und so lange pürieren, bis eine cremige Masse entsteht. Alternativ kannst Du die Bananen mit einer Gabel zerdrücken und mit dem Erdnussmus verrühren.

Die flüssige Bananen-Erdnuss-Mischung zu den trockenen Zutaten geben und gut vermengen. Die Kastenform mit Backpapier auslegen oder mit ein wenig Kokosöl bestreichen. Den Teig in die Kastenform geben und glattstreichen.

Die übrige Banane der Länge nach halbieren und auf die Teigoberfläche legen. Optional mit Schokodrops und Haferflocken bestreuen.

Das Bananenbrot auf mittlerer Schiene 35 Minuten backen und gut abkühlen lassen.

BLAUBEER-BANANENBROT

4	reife Bananen (400 G)
1	Banane zum Garnieren
100 G	Hafermehl
100 G	gemahlene Mandeln
2 TL	Backpulver
2 EL	geschmolzenes Kokosöl
1 EL	Ahornsirup
125 G	frische Blaubeeren
3	Leinsamen-Eier (Basisrezept S. 68)

MIXER OPTIONAL / KASTENFORM 25 CM / NUSSFREI MÖGLICH

...

Den Backofen auf 180 Grad Ober-/Unterhitze vorheizen.

Hafermehl, gemahlene Mandeln und Backpulver in einer Schüssel vermengen. Vier Bananen mit dem Kokosöl und dem Ahornsirup in den Mixer geben und so lange pürieren, bis eine cremige Masse entsteht. Alternativ kannst Du die Bananen mit einer Gabel zerdrücken und mit dem Kokosöl und dem Ahornsirup verrühren.

Die flüssige Bananen-Mischung und die Leinsamen-Eier zu den trockenen Zutaten hinzugeben und gut vermengen. Die Blaubeeren unterheben und vorsichtig verrühren. Die Kastenform mit Backpapier auslegen oder mit etwas Kokosöl bestreichen. Den Teig in die Kastenform geben und glattstreichen. Die übrige Banane der Länge nach halbieren und auf die Teigoberfläche legen. Das Bananenbrot auf mittlerer Schiene 35-45 Minuten backen und gut abkühlen lassen.

MEIN TIPP: Um das Bananenbrot nussfrei herzustellen, kannst Du die gemahlenen Mandeln durch Buchweizenmehl oder Hafermehl ersetzen.

APFEL-ZIMT-BROT

150 G	gemahlene Haselnüsse oder Mandeln	1/2 TL	Natron
150 G	Maismehl	170 ML	Reismilch oder Hafermilch
50 G	Haferflocken	30 ML	geschmolzenes Kokosöl
50 G	Kokosblütenzucker	30 G	Mandelmus
2 TL	Backpulver	100 G	Apfelmus
2 TL	Zimt	2	mittelgroße Äpfel
			Optional: eine Handvoll Rosinen oder Walnüsse

KASTENFORM 25 CM

...

Den Backofen auf 180 Grad Ober-/Unterhitze vorheizen.

Maismehl, gemahlene Nüsse, Haferflocken, Kokosblütenzucker, Backpulver, Zimt und Natron in eine Schüssel geben. Einen Apfel klein raspeln. Kokosöl, Mandelmus, Apfelmus und Hafermilch zu den trockenen Zutaten hinzugeben und gut verrühren. Den geraspelten Apfel unterheben und verrühren.

Vom zweiten Apfel drei Viertel in kleine Stückchen und ein Viertel in Spalten schneiden. Die Apfelstücke zum Teig hinzugeben und unterheben. Optional eine Handvoll Rosinen oder Walnüsse hinzugeben.

Den Teig in eine mit Backpapier ausgelegte Kastenform oder eine Silikonform geben und mit den Apfelspalten garnieren. Das Brot 40 Minuten backen und gut abkühlen lassen, bevor Du es anschneidest.

MEIN TIPP: In der Weihnachtszeit verfeinere ich dieses Rezept gerne noch mit etwas Lebkuchengewürz.

BEEREN-TARTE

FÜR DEN BODEN

180 G	Cashewkerne
270 G	Datteln
90 G	Kokosraspel

FÜR DIE CREME

150 G	frische Blaubeeren
110 G	Kokoscreme (der feste Teil der Kokosmilch)
120 ML	Reismilch
1 EL	Ahornsirup
1 TL	Agar-Agar

FOOD-PROZESSOR UND MIXER NOTWENDIG / TARTEFORM 22-24 CM

...

Falls Du den Boden gerne knuspriger magst, kannst Du ihn backen. Dafür den Backofen auf 180 Grad Ober-/Unterhitze vorheizen.

Für den Boden die Datteln, Cashewkerne und Kokosrapseln in den Food-Prozessor geben und so lange zerkleinern, bis sich ein loser Teig bildet – er sollte zusammenkleben, wenn Du etwas Teig zwischen den Fingern zusammendrückst. Falls der Teig zu trocken ist, kannst Du noch etwas Wasser hinzugeben. Eine Tarteform mit Backpapier auslegen oder alternativ mit Kokosöl bestreichen (bei Variante 1 lässt sich der Kuchen besser aus der Tarteform heben). Den Teig in die Tarteform pressen und an der Seite einen Rand formen.

Optional 12-17 Minuten backen, je nach Dicke des Teiges, bis die Ränder leicht goldbraun sind.

Für die Creme alle Zutaten in einen Topf geben und unter ständigem Rühren aufkochen lassen. Auf niedrige Stufe zurückschalten und circa 3-4 Minuten köcheln. Die Masse in den Mixer geben und kurz pürieren. Die Creme in die Tarteform füllen. Die Tarte eine Stunde bei Raumtemperatur auskühlen lassen, dann circa 2 Stunden in den Kühlschrank stellen. Vor dem Servieren mit frischen Beeren verzieren.

MEIN TIPP: Himbeeren oder Brombeeren funktionieren genauso gut! Der Kuchen sollte im Kühlschrank gelagert werden.

SAISONALER OBST-BLECHKUCHEN

400 G	Rhabarber, Zwetschgen, Aprikosen, Kirschen oder Pflaumen	120 G	Kokosblütenzucker
150 G	Maismehl	1 EL	Kokosblütenzucker zum Garnieren
90 G	Reismehl	100 ML	Sonnenblumenöl oder geschmolzenes Kokosöl
60 G	Maisstärke	130 ML	Hafermilch oder Mandelmilch
3 TL	Backpulver	130 ML	Mineralwasser
		2 TL	Apfelessig
		40 G	gemahlene Mandeln
		1	Prise Salz

MIXER ODER FOOD-PROZESSOR NOTWENDIG

...

Den Backofen auf 180 Grad Ober-/Unterhitze vorheizen.

Den Apfelessig mit der pflanzlichen Milch in einer Schüssel oder einem Glas verrühren und zur Seite stellen. Den Kokosblütenzucker im Mixer mahlen, sodass er sehr fein ist. Das Obst gegebenenfalls schälen und dann in kleine Stücke schneiden.

Maismehl, Maisstärke, Reismehl, gemahlenen Kokosblütenzucker, Backpulver und Salz in eine Schüssel geben und vermischen. Die "Milch"-Mischung und das Sonnenblumenöl oder geschmolzene Kokosöl hinzugeben und mit dem Schneebesen oder dem Handrührgerät verrühren, bis keine Klümpchen mehr vorhanden sind. Anschließend das Mineralwasser hinzugeben und weiter verrühren, bis ein glatter, luftiger Teig entsteht.

Den Teig auf ein mit Backpapier ausgelegtes Backblech oder in eine große Backform füllen und anschließend das Obst darauf verteilen. Mit den gemahlenen Mandeln und einem Esslöffel Kokosblütenzucker bestreuen. Für circa 35-40 Minuten backen und gut abkühlen lassen.

MARZIPAN-TARTE MIT HIMBEEREN

FÜR DEN BODEN

- 220 G Hafermehl
- 60 ML geschmolzenes Kokosöl
- 60 ML Ahornsirup

FÜR DIE FÜLLUNG

- 80 ML geschmolzenes Kokosöl oder Sonnenblumenöl
- 100 G Kokosblütenzucker
- 40 G glutenfreie Mehlmischung (Basisrezept S. 76)
- 90 ML Aquafaba
- 200 G gemahlene Mandeln
- 125 G frische Himbeeren
- 1 EL Mandelsplitter zum Garnieren

Optional: 1 MSP Bittermandelöl.

HANDRÜHRGERÄT NOTWENDIG / TARTEFORM MIT 22–24 CM DURCHMESSER

...

Für den Boden alle Zutaten in eine Schüssel geben und vermengen. Zu einem Teig verkneten. Am besten klappt es, wenn Du dafür deine Hände verwendest.

Den Teig für 10 Minuten beiseite stellen. Den Backofen auf 175 Grad Ober-/Unterhitze vorheizen. Die Tarteform mit Kokosöl einfetten und den Teig in die Form hineindrücken, einen Rand bilden. Achte darauf, dass die Ränder die gleiche Dicke haben. Mit der Gabel ein paar Löcher in den Boden einstechen. Den Kuchenboden für circa 15 Minuten backen.

In der Zwischenzeit die Füllung vorbereiten. Das Kichererbsenwasser in eine Schüssel geben und für einige Minuten mit dem Handrührgerät schaumig schlagen, bis eine Konsistenz von Eischnee erreicht wird. In einer weiteren Schüssel die restlichen Zutaten vermengen. Das aufgeschlagene Aquafaba hinzugeben und gut verrühren. Die Marzipan-Füllung in die Tarteform einfüllen und die Himbeeren in den Teig hineindrücken. Die Tarte mit den Mandelsplittern bestreuen und für circa 45 Minuten backen.

MEIN TIPP: Mit etwas Birkenpuderzucker (Basisrezept S. 70) bestreuen!

REZEPTE

SÜSSIGKEITEN-KLASSIKER

•••

In diesem Kapitel habe ich die geliebten Süßigkeiten-Klassiker aus meiner Kindheit neu interpretiert. Wer weiß, vielleicht erinnert Dich ja das ein oder andere Rezept auch an Deine Naschereien? Mit dem kleinen aber feinen Unterschied, dass diese Rezepte allesamt natürliche und gesunde Zutaten statt Palmöle, Transfette, Zucker und Konservierungsstoffe enthalten. Zu meinen persönlichen Favoriten zählen ganz klar die Erdnuss-Karamell-Riegel (S. 204). Keks, Karamell, Erdnüsse und Schokolade – einfach himmlisch. Aber auch die Raweo-Kekse (S. 214) mit dieser verdammt leckeren weißen Creme-Füllung sind unwiderstehlich. Und wenn Du so ein Kokos-Fan bist wie ich, empfehle ich Dir die Kokos-Schoko-Riegel (S. 216), die noch viel besser als das Original schmecken. Bei dem Doppeldecker-Keks (S. 222), den in Deutschland einfach jeder kennt, bin ich mir sicher: Du wirst die selbstgemachte Version genauso lieben wie das Original! Also, die Augen schließen und für einen Moment in die Vergangenheit reisen!

ERDNUSS-KARAMELL-RIEGEL

FÜR DEN BODEN

190 G	Hafermehl
60 G	Haferflocken
100 ML	Ahornsirup
45 ML	Kokosöl

FÜR DAS KARAMELL

200 ML	Kokosmilch
50 G	Kokosblütenzucker
125 G	Erdnüsse, geröstet
1	Prise Salz (falls die Erdnüsse nicht gesalzen sind)

FÜR DIE GLASUR

200 G	Zartbitterschokolade (Basisrezept S. 80)

ERGIBT 10–12 STÜCK

...

Die Zutaten für den Boden in eine Schüssel geben und gut mit den Händen kneten. Den Teig in eine mit Backpapier ausgelegte, rechteckige Backform geben und gut festdrücken. Die Basis für mindestens 30 Minuten in den Kühlschrank geben. In der Zwischenzeit kannst Du das Erdnuss-Karamell vorbereiten. Kokosmilch und Kokosblütenzucker in einen Topf geben und bei mittlerer bis hoher Hitze zum Kochen bringen. Du solltest jedoch aufpassen, dass es nicht überkocht. Anschließend die Temperatur reduzieren und die Karamell-Sauce 40–45 Minuten lang köcheln lassen. Dabei gelegentlich umrühren.

Gegen Ende die Erdnüsse und gegebenenfalls das Salz hinzugeben und gut verrühren. Die Backform aus dem Kühlschrank holen und das Karamell auf dem Boden verstreichen. Mindestens 3 Stunden in den Kühlschrank geben.

Den Boden mit dem Karamell aus der Form lösen und in gleich große Riegel schneiden. Die Schokolade im Wasserbad schmelzen. Ein Abkühlgitter mit Backpapier auslegen. Mit einer Gabel jeweils einen Riegel in die Schokolade eintauchen oder nur die obere Seite mit einem Pinsel bestreichen und auf das Abkühlgitter legen. Die Riegel in den Kühlschrank stellen, damit sie fest werden. Solltest Du noch etwas Schokolade übrig haben, kannst Du die Riegel mit Hilfe einer Gabel zusätzlich mit etwas Schokolade verzieren.

SÜSSIGKEITEN-KLASSIKER

SCHOKO-CRUNCH-RIEGEL

FÜR DEN TEIG

300 G	Datteln
4 EL	Kokosmus
1 TL	Kokosöl
50 G	Cornflakes (ungesüßt)
1	Prise Salz

FÜR DIE CREME

100 G	Kokosmus
100 ML	Ahornsirup

FÜR DIE GLASUR

200 G	Schokolade
10 G	Cornflakes (ungesüßt)

FOOD-PROZESSOR NOTWENDIG / ERGIBT 12 RIEGEL / NUSSFREI

...

Datteln, Kokosmus, Kokosöl und Salz in den Food-Prozessor geben und so lange pürieren, bis die Datteln zerkleinert sind und eine cremige, klebrige Masse entsteht. Die Masse in eine Schüssel geben. Die Cornflakes hinzufügen und mit den Händen in die Masse einkneten.

Den Teig in eine mit Backpapier ausgelegte, rechteckige Backform geben und fest hineindrücken. In den Kühlschrank stellen und in der Zwischenzeit die Creme vorbereiten. Das Kokosmus mit dem Ahornsirup in den Food-Prozessor geben und ebenfalls so lange pürieren, bis eine cremige, karamellartige Masse entsteht.

Die Karamellcreme auf den Boden streichen und das Ganze wieder zurück in den Kühlschrank stellen und weitere 30–60 Minuten kühlen.

Den Boden mit der Karamellcreme aus der Form lösen und in gleich große Riegel schneiden. Die Schokolade im Wasserbad schmelzen und dann die Cornflakes hineinrühren. Ein Abkühlgitter mit Backpapier auslegen. Die Riegel mit Hilfe einer Gabel in die Schokolade eintauchen und komplett mit Schokolade umhüllen. Zurück in den Kühlschrank stellen, bis die Schokolade getrocknet ist.

SÜSSIGKEITEN-KLASSIKER

CRUNCHY-CRISP-BITES

260 G	Zartbitterschokolade (Basisrezept S. 80)
2 EL	Kokosöl
30 G	gepuffter Vollkornreis
10 G	gepuffter Vollkornreis zum Garnieren

ERGIBT 15 BITES / NUSSFREI

...

Eine quadratische Backform mit Backpapier auslegen. Die Zartbitterschokolade bei niedriger Hitze schmelzen und das Kokosöl hinzugeben. Den gepufften Reis hinzugeben und dann mit einem Löffel umrühren, bis alles gut verteilt ist.

Die Mischung in die Backform gießen und mit einem Spatel zu einer gleichmäßigen Schicht glatt streichen. Übrigen gepufften Reis über die Masse streuen. In den Kühlschrank oder ins Gefrierfach stellen, damit die Masse aushärtet und fest wird. Sobald die Masse fest ist, kannst Du sie in 15 Stücke schneiden.

MEIN TIPP: Statt Vollkornreis kannst Du auch gepufften Buchweizen, Dinkel (nicht glutenfrei), Amaranth oder Quinoa verwenden. Deiner Fantasie sind keine Grenzen gesetzt.

SÜSSIGKEITEN-KLASSIKER

WHITE-CHOC-HIMBEER-CUPS

200 G	weiße Schokolade (vegan)
80 G	Chia-Beeren-Marmelade (Basisrezept S. 86)
2 EL	gefriergetrocknete Himbeeren

ERGIBT 10 STÜCK

...

Die Hälfte der weißen Schokolade im Wasserbad schmelzen. Je einen Esslöffel weiße Schokolade in ein Muffin-Förmchen füllen. Die Muffin-Förmchen circa 20-30 Minuten in den Kühlschrank oder 15 Minuten ins Gefrierfach stellen. In der Zwischenzeit die Marmelade nach Rezept zubereiten.

Sobald die Schokolade getrocknet ist, die Muffin-Förmchen aus dem Kühlschrank oder Gefrierfach holen und mit je 1-2 TL Chia-Marmelade befüllen. Die restliche weiße Schokolade im Wasserbad schmelzen und die Marmeladen-Schicht mit der restlichen Schokolade vollständig bedecken. Die White-Choc-Himbeer-Cups circa 15 Minuten ins Gefrierfach geben und anschließend nochmals mindestens 30 Minuten in den Kühlschrank geben, damit sie komplett fest werden.

MEIN TIPP: Du kannst die vegane, weiße Schokolade auch durch Zartbitterschokolade (Basisrezept S. 80) ersetzen. Das schmeckt ebenfalls himmlisch!

ERDNUSSBUTTER-CUPS

250 G	Zartbitterschokolade (Basisrezept S. 80)
50 G	Erdnussmus
1 EL	Ahornsirup
1	Prise grobes Salz

ERGIBT 10 STÜCK

...

Die Hälfte der Zartbitterschokolade im Wasserbad schmelzen. Je einen Esslöffel Zartbitterschokolade in ein Muffin-Förmchen füllen. Die Muffin-Förmchen circa 20-30 Minuten in den Kühlschrank oder 15 Minuten ins Gefrierfach stellen, bis die Schokolade fest ist.

Inzwischen das Erdnussmus mit einem Esslöffel Ahornsirup vermengen. Falls das Erdnussmus zu fest ist, kannst Du das Mus in einem Topf bei niedriger Hitze schmelzen lassen, den Ahornsirup hinzugeben und gut verrühren. Die Muffin-Förmchen aus dem Kühlschrank oder Gefrierfach holen und die Schokoladen-Cups mit je einem gehäuften Teelöffel Erdnussmus befüllen.

Die restliche Zartbitterschokolade im Wasserbad schmelzen und die Erdnussbutter-Schicht mit der restlichen Schokolade vollständig bedecken. Die Erdnussbutter-Cups mindestens 30 Minuten in den Kühlschrank geben. Nach 15 Minuten, wenn die Schokolade bereits ausgehärtet ist, optional mit etwas grobem Salz bestreuen.

MEIN TIPP: Du kannst die Zartbitterschokolade auch durch vegane, weiße Schokolade ersetzen oder Du mixt beide.

SÜSSIGKEITEN-KLASSIKER

RAWEO-KEKSE

FÜR DEN TEIG

200 G Datteln
75 G Mandeln
75 G Haselnüsse oder Mandeln
20 G Kakaopulver
50 G Haferflocken
40 ML Wasser

FÜR DIE FÜLLUNG

80 G Cashewkerne
1 EL Kokosöl
1 EL Ahornsirup
1 EL Zitronensaft
1 TL Vanille-Pulver

FOOD-PROZESSOR ODER MIXER NOTWENDIG / ERGIBT 19 KEKSE

...

Den Backofen auf 180 Grad Ober-/Unterhitze vorheizen.

Datteln, Nüsse, Kakaopulver und Wasser in den Food-Prozessor geben und so lange mixen, bis alles zerkleinert ist. Gegen Ende die Haferflocken hinzugeben und weitermixen, bis eine klebrige Masse entsteht. Sollte der Teig zu klebrig sein, kannst Du noch mehr Haferflocken hinzugeben. Den Teig auf einer mit Backpapier ausgelegten oder einer bemehlten Arbeitsfläche ausrollen und mit einem Ausstecher runde Kekse ausstechen. Die Kekse auf ein mit Backpapier ausgelegtes Backblech legen und auf mittlerer Schiene für circa 10 Minuten backen. Anschließend gut abkühlen lassen.

In der Zwischenzeit die Füllung vorbereiten. Die Cashewkerne circa 30 Minuten in heißem Wasser einweichen. Die Cashewkerne abtropfen lassen, mit kaltem Wasser abspülen und zusammen mit dem Kokosöl, Ahornsirup, Zitronensaft und dem Vanille-Pulver in einen Mixer geben. Die Masse so lange pürieren, bis sie eine cremige Konsistenz hat. Je nach Stärke des Mixers eventuell etwas Wasser dazugeben. Je einen gehäuften Teelöffel der Füllung auf einen Keks streichen und mit einem weiteren Keks bedecken.

MEIN TIPP: Wer keine Lust hat, die Cashews einzuweichen und im Mixer zu verarbeiten, kann die Kekse stattdessen auch mit dem Vanille-Cashewmus (Basisrezept S. 82) bestreichen. Achte jedoch darauf, dass das Cashewmus nicht zu flüssig ist. Du kannst es vorher in den Kühlschrank stellen, damit es etwas härter wird.

SÜSSIGKEITEN-KLASSIKER

KOKOS-SCHOKO-RIEGEL

FÜR DEN TEIG

200 G	Kokosraspel
1 EL	Kokosraspel zum Garnieren
150 ML	Reissirup
40 G	Haferflocken
40 G	Kokosmus

FÜR DIE GLASUR

200 G	Zartbitterschokolade (Basisrezept S. 80)

ERGIBT 12 RIEGEL / NUSSFREI

...

Kokosraspel, Reissirup und Haferflocken in eine Schüssel geben und verrühren. Das Kokosmus in einem Topf schmelzen und zu den anderen Zutaten hinzugeben. Die Masse mit den Händen zu einem Teig verkneten und gegebenenfalls die Hände mit Wasser befeuchten, damit die Masse besser zusammenhält. Der Teig ist anfangs noch etwas bröselig, wird aber später im Kühlschrank fest. Die Hände befeuchten, um aus der Kokos-Mischung kleine Riegel zu formen. Die Riegel auf ein mit Backpapier belegtes Gitter legen und mindestens 1 Stunde in den Kühlschrank geben.

In der Zwischenzeit die Zartbitterschokolade schmelzen. die Kokosriegel darin eintauchen und zurück auf das Gitter geben. Sobald die Schokolade leicht angetrocknet ist, eine Prise Kokosraspel über jeden Riegel streuen.

MEIN TIPP: Die Riegel halten sich circa 5-7 Tage im Kühlschrank (falls sie überhaupt so lange überleben).

SÜSSIGKEITEN-KLASSIKER

HASELNUSS-NOUGAT-PRALINEN

FÜR DEN TEIG

60 G Hafermehl
130 G Datteln
50 G Haselnussmus
15 G Kakaopulver
40 G Haselnüsse
2 TL Mandelmilch oder Kokosmilch
1 Prise Salz

FÜR DIE FÜLLUNG

20 G Haselnüsse (25 Stück)

FÜR DIE GLASUR

100 G Zartbitterschokolade (Basisrezept S. 80)
60 G Haselnüsse

FOOD-PROZESSOR ODER MIXER NOTWENDIG / ERGIBT 25 STÜCK

...

Den Backofen auf 170 Grad Ober-/Unterhitze vorheizen.

Alle Haselnüsse (120 G) auf ein mit Backpapier belegtes Backblech legen und für circa 8 Minuten rösten. Die Haselnüsse gut abkühlen lassen und optional die Schale entfernen.

Datteln, 40 G Haselnüsse, Hafermehl, Haselnussmus und Kakaopulver mit einer Prise Salz in den Mixer oder in den Food-Prozessor geben und so lange pürieren, bis sich ein loser Teig bildet. Falls die Masse zu bröselig ist, kannst Du noch etwas Wasser hinzufügen. Die Masse nun zu Kugeln formen und je eine ganze Haselnuss in die Mitte einarbeiten. Die Pralinen in den Kühlschrank geben.

In der Zwischenzeit die Zartbitterschokolade im Wasserbad schmelzen. Während die Schokolade schmilzt, 60 G Haselnüsse im Food-Prozessor oder Mixer so lange zerkleinern, bis die Stücke grob gehackt sind. Die Schokolade glatt rühren, dann die Haselnuss-Stückchen hinzufügen und umrühren.

Die Pralinen in die Glasur eintauchen und darauf achten, dass sie gleichmäßig umhüllt werden. Zum Abbinden auf ein mit Backpapier ausgelegtes Backblech legen.

SÜSSIGKEITEN-KLASSIKER

SCHOKO-CROSSIES

100 G Cornflakes (ungesüßt)
200 G Zartbitterschokolade (Basisrezept S. 80)
1 Prise Salz
Optional: 1 EL Ahornsirup

ERGIBT 20 STÜCK / NUSSFREI

...

Die Zartbitterschokolade in einem Topf schmelzen. Die Cornflakes in eine Schüssel geben, die geschmolzene Schokolade darüber geben und beides gut miteinander vermengen.

Falls Du die selbstgemachte Zartbitterschokolade oder eine sehr dunkle Schokolade verwendest, kannst Du noch zusätzlich einen Esslöffel Ahornsirup in die Schüssel zu den Cornflakes geben.

Ein Backblech mit Backpapier auslegen und mit einem Esslöffel kleine Häufchen der Masse auf dem Backblech verteilen. Die Häufchen mit einer Prise Salz bestreuen und das Backblech circa eine Stunde zum Abkühlen in den Kühlschrank geben.

SÜSSIGKEITEN-KLASSIKER

DOPPELDECKER-SCHOKO-KEKSE

FÜR DEN TEIG

270 G Hafermehl
110 ML Ahornsirup
45 ML geschmolzenes Kokosöl

FÜR DIE FÜLLUNG

100 G Mandel-Nougat-Creme (Basisrezept S. 84)

ERGIBT 10 KEKSE

...

Den Backofen auf 180 Grad Ober-/Unterhitze vorheizen.

Hafermehl, Ahornsirup und Kokosöl miteinander vermengen. Auf einem Backpapier oder einer bemehlten Arbeitsfläche den Teig mit einem Nudelholz sehr dünn (circa 0,5 cm) ausrollen und mit einem Ausstecher runde Kekse ausstechen. Mit der Gabel mehrere Löcher in die Kekse stechen. 5 Minuten backen und gut abkühlen lassen.

Dann, je nachdem wie groß die Kekse sind, circa 1-2 TL Mandel-Nougat-Creme auf einen Keks geben und einen weiteren Keks darauf setzen. Die Doppeldecker-Kekse weitere 5 Minuten backen. Die Kekse gut abkühlen lassen, sie sind noch etwas weich, härten aber aus, sobald sie abgekühlt sind.

MEIN TIPP: Du kannst das Hafermehl auch selbst herstellen, ich habe jedoch die Erfahrung gemacht, dass es mit gekauftem Hafermehl deutlich besser klappt, da dieses feiner vermahlen ist und sich somit besser verarbeiten lässt.

SÜSSIGKEITEN-KLASSIKER

TOFFEE-PRALINEN

30 G	Kokosblütenzucker
20 ML	geschmolzenes Kokosöl
70 G	Kokosmus
1 TL	Vanille-Pulver
2 EL	braunes Mandelmus
18	ganze Haselnüsse
50 G	Zartbitterschokolade (Basisrezept S. 80)

ERGIBT 18 STÜCK

...

Kokosblütenzucker, Kokosöl und Kokosmus in einen Topf geben. Die Masse unter Rühren 1-2 Minuten auf niedriger Temperatur erhitzen. Den Topf vom Herd nehmen und das Vanille-Pulver sowie das Mandelmus hinzufügen. So lange rühren, bis eine glatte Karamell-Masse entsteht; diese dann in Cake-Pop-Formen oder Mini-Muffin-Förmchen füllen. Je eine Haselnuss in jede mit Karamell gefüllte Form legen und etwa 30 Minuten ins Gefrierfach geben (nicht in den Kühlschrank, denn dort wird die Masse flockig).

In der Zwischenzeit die Zartbitterschokolade schmelzen und einen Teelöffel Schokolade auf jede Toffee-Praline geben. Die Toffee-Pralinen etwa 30 Minuten in das Gefrierfach geben, bis die Schokolade getrocknet ist. Ich bewahre die Toffee-Pralinen im Gefrierfach auf und taue sie einige Minuten vor dem Servieren auf.

MEIN TIPP: Du kannst für die Herstellung der Toffee-Pralinen auch eine alte Toffee-Pralinen-Verpackung oder eine Eiswürfelform verwenden.

REZEPTE

SNACKS FÜR ZWISCHENDURCH

•••

Ich muss gestehen: ich gehe nie ohne Snacks aus dem Haus. Gesunde Ernährung bedarf der Planung. Wenn ich reise, unterwegs bin – selbst im Flugzeug – habe ich immer mein eigenes Essen dabei. Bevor ich zu etwas greife, das ich nicht vertrage, bin ich lieber vorbereitet. Außerdem schmecken meine hausgemachten Leckereien sowieso viel besser als ein labberiges Sandwich aus der Packung. Ich selbst bin ein großer Fan der Nussecken (S. 244), die einfach nur phantastisch schmecken, sowie der Nussfreien Müsli-Riegel (S. 236), die ich übrigens auch gerne als zweites Frühstück verputze. Ein paar Schoko-Nuss-Datteln (S. 238) bewahre ich übrigens immer im Gefrierfach auf. Auch die Cashew-Hanf-Riegel (S. 230) sind der perfekte Snack für unterwegs, denn sie sättigen und stillen einfach jede Heißhunger-Attacke auf Süßes.

ENERGIE-KUGELN

CHAI-KUGELN

- 100 G Haferflocken
- 120 G getrocknete Aprikosen
- 80 G Rosinen
- 2 TL Zimt
- 1 TL Kardamom
- 1/2 TL gemahlener Ingwer
- 2 TL Orangenzeste
- 10 G Sesam oder 1 EL Kakao
- Optional: 1-2 EL Wasser

MANGO-KOKOS-KUGELN

- 100 G getrocknete Mango
- 80 G Kokosraspeln
- 10 G Kokosraspeln zum Garnieren
- 1 EL Kokosmus

FOOD-PROZESSOR NOTWENDIG / ERGIBT 10-12 STÜCK

...

CHAI-KUGELN

Wenn Du keinen leistungsstarken Food-Prozessor hast, kannst Du die Aprikosen mit heißem Wasser übergießen und 20-30 Minuten stehen lassen. Anschließend die Flüssigkeit abgießen. Haferflocken, Aprikosen, Rosinen und Gewürze in den Food-Prozessor geben und so lange mixen, bis eine klebrige Masse entsteht. Sollte die Masse noch zu bröselig sein, kannst Du 1-2 EL Wasser hinzugeben. Aus dem Teig kleine Kugeln formen und anschließend nach Belieben in Sesamsamen oder Kakaopulver wälzen.

MANGO-KOKOS-KUGELN

Die Mangostreifen in eine Schüssel geben und mit heißem Wasser übergießen. Circa 20-30 Minuten einweichen lassen und anschließend das Wasser abschütten. Die getrocknete Mango und 80 G Kokosrapseln in den Food-Prozessor geben und pürieren. Kokosmus hinzugeben und weiterpürieren, bis eine feste Masse entsteht. Aus dem Teig kleine Kugeln formen. Anschließend die restlichen Kokosraspeln auf einen Teller geben und die Kugeln darin wälzen.

CASHEW-HANF-RIEGEL

FÜR DEN BODEN

100 G	Hanfsamen
150 G	Cashewkerne
100 G	Hafermehl
100 G	Kokosraspel
150 ML	Reissirup
5 EL	geschmolzenes Kokosöl
1	Prise Salz

FÜR DIE CREME

300 G	Datteln
1 EL	geschmolzenes Kokosöl
2 EL	Cashewmus
100 G	Cashewkerne

FOOD-PROZESSOR NOTWENDIG / ERGIBT 24 RIEGEL

...

Hanfsamen, Cashewkerne, Hafermehl, Kokosraspel und Salz in eine Schüssel geben. Den Reissirup sowie das Kokosöl hinzugeben und mit den Händen verkneten. Den Teig in eine mit Backpapier ausgelegte Backform geben und gut festdrücken. Ich verwende hierfür einen Teigschaber, um alles gleichmäßig festzudrücken. Den Boden in den Kühlschrank geben und erkalten lassen.

In der Zwischenzeit kannst Du die Creme vorbereiten: Datteln, Kokosöl und Cashewmus in den Food-Prozessor geben und so lange pürieren, bis die Datteln zerkleinert sind und eine cremige Masse entsteht. Gegen Ende die Hälfte der Cashewkerne hinzugeben und nochmals kurz pulsieren. Die Dattel-Creme über den Boden glatt verstreichen.

Die restlichen Cashewkerne grob hacken und gut in die obere Schicht hineindrücken. Die Masse circa eine Stunde im Kühlschrank erkalten lassen und anschließend mit einem scharfen Messer in gleich große Stücke schneiden.

MEIN TIPP: Ich bewahre die Riegel in einer Glasbox im Kühlschrank auf – so sind sie sehr lange haltbar.

ERDNUSSBUTTER-FUDGE

120 ML	Ahornsirup
85 G	Erdnussmus
50 ML	Kokosöl
50 G	Erdnüsse
1	Prise Salz

ERGIBT 8 STÜCK

...

Erdnussmus mit dem Ahornsirup und dem Kokosöl in einen Topf geben und bei mittlerer Hitze schmelzen. Falls Du ungesalzenes Erdnussmus verwendest, kannst Du noch eine Prise Salz hinzufügen. Unter ständigem Rühren zum Kochen bringen. Die Temperatur runter stellen und anschließend etwa 5–7 Minuten bei niedriger Hitze köcheln lassen, bis die Masse zäh vom Löffel fließt. Falls sie etwas klumpig ist, Hitze reduzieren und weiterrühren, bis alles glatt ist. Die Masse sollte eingedickt und glänzend sein.

Die Masse in eine mit Backpapier ausgelegte Backform geben und anschließend die Nüsse darüber streuen. Circa 2–3 Stunden in den Kühlschrank stellen, bis der Fudge fest geworden ist. Wenn die Masse noch immer zu weich ist, etwa eine halbe Stunde in das Gefrierfach stellen.

Aus dem Kühlschrank/Gefrierfach nehmen und in Quadrate schneiden.

QUINOA-CRISP-BITES

FÜR DEN TEIG

100 G braunes Mandelmus
105 ML Dattelsirup oder Kokosblütensirup
60 G gepuffter Quinoa oder Amaranth

FÜR DIE GLASUR

100 G Zartbitterschokolade (Basisrezept S. 80)

ERGIBT 10 STÜCK

...

Mandelmus und Dattelsirup in einem Topf vermischen und erhitzen. 1–2 Minuten köcheln lassen, bis die Masse eindickt. Den gepufften Quinoa oder Amaranth untermischen, in einer mit Backpapier ausgelegte Auflaufform festdrücken.

Mindestens 30 Minuten in den Kühlschrank oder ins Gefrierfach geben. In der Zwischenzeit die Glasur vorbereiten, dafür die Zartbitterschokolade in einem Topf oder im Wasserbad schmelzen.

Sobald die Masse kalt und fest ist, mit der geschmolzenen Schokolade übergießen. Anschließend erneut in den Kühlschrank stellen. Sobald die Schokolade angetrocknet ist, die Quinoa-Crisp-Bites in kleine Vierecke schneiden.

NUSSFREIE SUPERFOOD-MÜSLI-RIEGEL

- 130 G Datteln
- 140 G Haferflocken
- 100 G Sonnenblumenkerne
- 30 G Kokosflocken
- 50 G Kürbiskerne
- 60 G geschrotete Leinsamen
- 30 G Rosinen oder Cranberries
- 85 ML Dattelsirup
- 1 TL Zimt
- 1 TL Vanille

FOOD-PROZESSOR ODER MIXER NOTWENDIG / ERGIBT 10 STÜCK

...

Falls die Datteln zu hart sind, kannst Du sie 30 Minuten in kochendem Wasser einweichen. Das Wasser abgießen. Die Datteln in den Food-Prozessor oder Mixer geben und zerkleinern. Haferflocken, Sonnenblumenkerne, Kokosflocken, Kürbiskerne, Leinsamen, Zimt und Vanille hinzugeben und weiterpulsieren. Den Dattelsirup ebenfalls hinzufügen und so lange pürieren, bis eine klebrige Masse entsteht. Gegen Ende die Rosinen oder Cranberries hinzugeben und nochmals kurz pulsieren. Falls Du einen Mixer verwendest, den Mixer eventuell ein paar Mal ausschalten und die Masse von den Seiten des Mixers abschaben.

Die Masse in eine Schüssel geben und mit den Händen zu einem klebrigen Teig verarbeiten. Eventuell die Hände anfeuchten oder noch ein wenig Dattelsirup hinzugeben. Diesen Schritt kannst Du auslassen, wenn Du einen Food-Prozessor verwendest.

Den Teig in eine mit Kokosöl eingefettete oder mit Backpapier ausgelegte Auflaufform geben und gleichmäßig in die Form hineindrücken. Mindestens eine Stunde in den Kühlschrank oder ins Gefrierfach geben. Anschließend die Masse in gleich große Riegel schneiden.

SCHOKO-NUSS-DATTELN

14 Medjool-Datteln (200 G)
70 G Erdnussmus oder Nussmus
100 G Zartbitterschokolade
(Basisrezept S. 80)
14 Mandeln
1 EL Erdnüsse
grobes Salz zum Garnieren

ERGIBT 14 STÜCK

...

Die Datteln der Länge nach aufschneiden und die Steine entfernen. Jede Dattel mit einer Mandel füllen und mit einem Teelöffel Erdnussmus bestreichen.

Die Datteln circa 30 Minuten ins Gefrierfach legen.

Die Zartbitterschokolade schmelzen. Datteln aus dem Gefrierfach holen und mit Hilfe eines Löffels in die geschmolzene Schokolade tauchen. Auf einen mit Backpapier bedeckten Teller legen. Mit grobem Salz bestreuen und mit Erdnüssen garnieren.

Im Kühlschrank kalt stellen, bis die Schokolade fest wird.

MEIN TIPP: Die Datteln im Gefrierfach aufbewahren – das schmeckt einfach nur himmlisch!

GRANOLA-KARAMELL-CUPS

FÜR DIE CUPS

1 1/2 Bananen (150 G)
50 ML Reissirup
130 G Haferflocken
60 G Sonnenblumenkerne

FÜR DIE FÜLLUNG

200 ML Kokosmilch (vollfett)
50 G Kokosblütenzucker
1 Prise Salz

FÜR DIE GLASUR

60 G Zartbitterschokolade (Basisrezept S. 80)

ERGIBT 9 STÜCK / NUSSFREI

...

Den Backofen auf 180 Grad Ober-/Unterhitze vorheizen.

Die Bananen mit einer Gabel zerdrücken. Nun alle restlichen Zutaten für die Cups hinzugeben und gut vermengen. Neun Mulden einer Muffinform mit Öl einfetten oder alternativ Silikonformen verwenden und den Granolamix in die Förmchen füllen. Mit einem Teelöffel den Granola-Mix festdrücken und in der Mitte eine Vertiefung bilden. 20 Minuten backen, bis die Cups goldbraun sind.

In der Zwischenzeit die Füllung vorbereiten: Kokosmilch und Kokosblütenzucker in einen Topf geben, gut verrühren und bei mittlerer bis hoher Hitze zum Kochen bringen. Du solltest jedoch aufpassen, dass es nicht überkocht. Anschließend die Temperatur reduzieren und circa 20 Minuten lang köcheln lassen. Dabei gelegentlich umrühren. Gegen Ende das Salz hinzugeben und gut verrühren.

Die Mischung gleichmäßig in die bereits abgekühlten Cups füllen und mindestens eine Stunde in den Kühlschrank stellen.

Die Zartbitterschokolade im Wasserbad schmelzen und vorsichtig über die Cups streichen. Die Cups zurück in den Kühlschrank stellen, bis die Schokolade getrocknet ist.

SCHOKO-POPCORN-KARAMELL-BITES

400 ML	Kokosmilch (vollfett)
100 G	Kokosblütenzucker
40 G	Kakaopulver
2	Prisen Salz
50 G	Popcorn Mais
1 EL	Kokosöl

ERGIBT 10 STÜCK / NUSSFREI

...

Kokosmilch und Kokosblütenzucker in einen Topf geben und bei mittlerer bis hoher Hitze zum Kochen bringen. Du solltest jedoch aufpassen, dass es nicht überkocht. Anschließend die Temperatur reduzieren und 15 Minuten lang köcheln lassen. Nun das Kakaopulver einrühren und weitere 15 Minuten köcheln lassen, bis die Masse zäh vom Löffel fließt. Dabei gelegentlich umrühren. Gegen Ende das Salz hinzugeben und verrühren.

Das Kokosöl in einem großen Topf auf hoher Stufe erhitzen. Den Popcorn Mais (je nachdem wie viel Popcorn Du in deinen Bites haben möchtest) hinzugeben, die Hitze sofort reduzieren damit das Popcorn nicht anbrennt und anschließend mit einem Deckel bedecken. Wenn aus dem Topf kein regelmäßiges Poppen mehr zu hören ist, ist das Popcorn fertig. Das Popcorn kurz abkühlen lassen.

Die Schoko-Karamell-Masse in eine kleine, mit Backpapier ausgelegte Backform füllen, dann das Popcorn darüber streuen und gegebenenfalls in die Masse hineindrücken.

Ein paar Stunden ins Gefrierfach geben (ich lasse sie über Nacht drinnen), bis die Masse zäh wird. Vor dem Servieren kurz auftauen lassen und in 10 Stücke schneiden.

NUSSECKEN

FÜR DEN TEIG

130 G Reismehl
80 G Hafermehl
20 G Maisstärke
60 G Birkenzucker
80 G geschmolzenes Kokosöl
130 G Apfelmus

MITTLERE SCHICHT

5 EL Apfelmus
Nuss-Nougat-Creme

OBERE SCHICHT

200 G Datteln
100 ML Wasser
50 G gemahlene Haselnüsse
150 G Mandeln
100 G gehackte Haselnüsse

FÜR DIE GLASUR

100 G Zartbitterschokolade (Basisrezept S. 80)

FOOD-PROZESSOR ODER MIXER NOTWENDIG / ERGIBT 24 STÜCK

...

Den Backofen auf 180 Grad Ober-/Unterhitze vorheizen.

Die Mandeln im Backofen circa 8-10 Minuten rösten. In der Zwischenzeit Reismehl, Hafermehl, Birkenzucker und Maisstärke in eine Schüssel geben. Das Kokosöl sowie das Apfelmus hinzugeben und zu einem Teig vermengen. Auf einem mit Backpapier ausgelegten Backblech den Teig möglichst dünn und rechteckig ausrollen. Den Teig mit 5 EL Apfelmus und etwas Nuss-Nougat-Creme (Basisrezept S. 84) bestreichen.

Für die Nussmasse die Datteln mit den gerösteten Mandeln, gemahlenen Haselnüssen und dem Wasser in den Mixer oder Food-Prozessor geben und mixen, bis alle Stücke zerkleinert sind und eine klebrige Masse entsteht. Den Dattel-Nuss-Teig in eine Schüssel geben. Die gehackten Haselnüsse unterheben und gut verrühren. Die Nuss-Füllung über die mittlere Schicht geben und glattstreichen.

20-30 Minuten backen und anschließend komplett abkühlen lassen. In Rechtecke schneiden und nochmals diagonal schneiden, sodass kleine Dreiecke entstehen. Die Zartbitterschokolade schmelzen und zwei Ecken der Dreiecke damit bestreichen.

SCHOKO-NOUGAT-PRALINEN MIT HIMBEEREN

FÜR DEN TEIG

75 ML	Kokosöl
90 ML	Ahornsirup
10 G	gefriergetrocknete Himbeeren
45 G	Kakaopulver
1	Prise Salz

FÜR DIE GLASUR

100 G	Zartbitterschokolade (Basisrezept S. 80)

HANDRÜHRGERÄT NOTWENDIG / ERGIBT 8 STÜCK

...

Kokosöl, Ahornsirup und Salz mit einem Handrührgerät cremig rühren. Das Kakaopulver unter die Kokosöl-Mischung rühren. Anschließend die gefriergetrockneten Himbeeren unterheben. Die Masse in Eiswürfelformen füllen und circa eine Stunde ins Gefrierfach stellen.

Die Zartbitterschokolade schmelzen. Die Nougatwürfel aus der Form drücken. Falls sie sich nicht sofort aus der Form lösen, kurz antauen lassen, dann geht es leichter. Mit Hilfe einer Gabel in Schokolade tunken und auf ein mit Backpapier belegtes Backgitter legen.

Mit gefriergetrockneten Himbeeren verzieren. Optional die Würfel in Mini-Muffin-Förmchen füllen. In den Kühlschrank stellen, damit die Schokolade fest wird.

BANANEN STICKS MIT WEISSER SCHOKO & BEEREN

3	Bananen
40 G	Cashewkerne
115 G	Kakaobutter
50 G	Birkenzucker
100 G	Beeren

MIXER NOTWENDIG / ERGIBT 6 STÜCK

...

Die Cashewkerne circa 30 Minuten in heißem Wasser einweichen, abtropfen lassen und mit kaltem Wasser abspülen. Die Kakaobutter im Wasserbad schmelzen. Anschließend die Cashewkerne mit der geschmolzenen Kakaobutter und dem Birkenzucker in den Mixer geben und auf höchster Stufe cremig rühren. Zuletzt die Beeren hinzugeben und nochmals auf höchster Stufe pürieren, bis eine cremige Masse entsteht.

Die Bananen halbieren und einen Eisstiel senkrecht in eine Seite stechen. Die Bananen-Hälften in die weiße Beeren-Schoko-Creme tauchen und auf ein mit Backpapier belegtes Backgitter legen. Falls noch weiße Beeren-Schokolade übrig ist, kannst Du diese in eine Form gießen (zum Beispiel in eine Glasbox oder eine Schokoladensilikonform) und zum Aushärten in den Kühlschrank stellen.

Die Bananen-Sticks in den Kühlschrank legen, um die Schokolade antrocknen zu lassen. Sobald diese angetrocknet ist, optional mit Zartbitterschokolade, Kokosraspeln oder gehackten Mandeln bestreuen. Zurück in den Kühlschrank geben, bis die weiße Beeren-Schokolade komplett getrocknet ist.

100% HOME MADE
100% HOME MADE
100% HOME MADE

NACHSPEISEN

•••

Ich schließe meine Mahlzeiten gerne mit etwas Süßem ab. Daher liebe ich Desserts. Die Nachspeisen aus diesem Kapitel mache ich meistens, wenn ich Besuch bekomme, denn die Rezepte sind für mehrere Personen gedacht. Als ich anfing meine Ernährung umzustellen, wurde ich oft gefragt, ob ich überhaupt noch Desserts essen kann. Und zugegeben, im Restaurant bleiben oft wirklich nur die Beeren auf der Karte übrig. Daher habe ich beschlossen, meine eigenen Desserts zu kreieren und wenn ich zum Essen eingeladen werde, bringe ich diese mit. Das Tiramisu (S. 260) ist eines meiner Lieblingsrezepte in diesem Buch. Mein Freund ist Italiener und großer Tiramisu-Fan. Als ich ihm erzählte, dass ich ein veganes, glutenfreies Tiramisu kreieren wollte, schüttelte er nur den Kopf. Aber ich habe so lange experimentiert, bis das Tiramisu den Geschmackstest meines Freundes bestanden hat. Aber auch die Espresso-Schoko-Eiscreme (S. 254) hat Suchtpotential. Das Tolle an dem Rezept ist, dass Du es als Creme oder als Eis zubereiten kannst. Der Apfel-Beeren-Crumble (S. 258) ist ein unschlagbares Rezept, wenn Besuch vorbeikommt und man mit dem perfekten Dessert punkten möchte, ohne dafür den halben Tag in der Küche zu stehen. Schlag bei Deiner nächsten Einladung doch einfach vor, die Nachspeise mitzubringen. Die Gastgeber freuen sich und Du kannst alle davon überzeugen, dass ein gesundes Dessert nicht nur aus Beeren bestehen muss!

KOKOS-PANNA COTTA MIT BEERENKOMPOTT

FÜR DIE PANNA COTTA

400 ML Kokosmilch (vollfett)
45 ML Ahornsirup
1 TL Agar-Agar
Optional: 1 TL Vanille

FÜR DAS BEERENKOMPOTT

200 G gefrorene Beerenmischung
2 EL Ahornsirup
1 TL Maisstärke
Optional: 1 TL Vanille

ERGIBT 6 PORTIONEN / NUSSFREI

...

Die Kokosmilch gemeinsam mit dem Ahornsirup und dem Agar-Agar in einen Topf geben und bei mittlerer bis hoher Stufe erhitzen. Zum Kochen bringen und unter ständigem Rühren mit dem Schneebesen circa 3-4 Minuten köcheln lassen. Achte darauf, dass die Masse nicht überkocht. Gegen Ende optional Vanille hinzugeben und gut einrühren. Die Mischung in kleine Servierschalen oder Förmchen geben und mindestens eine Stunde in den Kühlschrank geben, um die Panna Cotta fest werden zu lassen.

In der Zwischenzeit kannst Du das Beerenkompott vorbereiten: Die gefrorenen Beeren mit dem Ahornsirup in einen Topf geben und circa 5 Minuten bei mittlerer Hitze köcheln lassen, bis alle Beeren aufgetaut sind. Maisstärke sowie Vanille hinzugeben und weitere 10 Minuten köcheln lassen.

Die fest gewordene Panna Cotta aus dem Kühlschrank nehmen und mit dem Beerenkompott servieren.

ESPRESSO-SCHOKO-EISCREME

175 ML Espresso
20 G Kakaopulver
60 G Kokosblütenzucker
30 ML Ahornsirup
2 gefrorene Bananen
1 kleine Avocado
1 Prise Salz
Optional für die Eisversion:
1/2 TL Guarkernmehl

FOOD-PROZESSOR ODER MIXER NOTWENDIG / ERGIBT 6 PORTIONEN

...

Die Bananen schälen und einfrieren.

Die Zutaten in einen Mixer oder Food-Prozessor geben und so lange mixen, bis eine cremige Masse entsteht. Für die Schokocreme die Masse in Schälchen füllen und mindestens 30 Minuten in den Kühlschrank stellen.

Für die Eisversion die Masse in eine gefrierfeste Form füllen (Du kannst eine Kastenform oder Aufbewahrungsbox verwenden) und circa 2-3 Stunden ins Gefrierfach geben. Kurz auftau-en lassen und dann als Eiskugeln servieren.

MEIN TIPP: Für eine kaffeefreie Version kannst Du den Espresso durch pflanzliche Milch und eine Prise Zimt ersetzen.

FLUFFIGES SCHOKO-MOUSSE

120-160 ML	Aquafaba
1/2 TL	Guarkernmehl (gestrichen)
1/2 TL	Backpulver
100 G	Kokosjoghurt
2 EL	Kokosblütenzucker
125 G	Zartbitterschokolade (Basisrezept S. 80)

HANDRÜHRGERÄT NOTWENDIG
ERGIBT 2 PORTIONEN / NUSSFREI

...

Die Zartbitterschokolade schmelzen.

Ein Abtropfsieb in eine Schüssel stellen und darin die Flüssigkeit von 1 Dose Kichererbsen abgießen. Die Kichererbsen-Flüssigkeit, Guarkernmehl und Backpulver mit dem Handrührgerät kräftig aufschlagen. Sobald die Konsistenz von Eischnee erreicht ist, gemahlenen Kokosblütenzucker und Kokosjoghurt hinzufügen und weiter zu einem steifen, festen Schnee schlagen.

Anschließend die abgekühlte Zartbitterschokolade in den Aquafaba-Schnee mit dem Handrührgerät oder dem Schneebesen einrühren und so lange verrühren, bis die Masse dunkel ist und die Schokolade komplett verteilt ist. Wichtig dabei ist, dass die Zartbitterschokolade nicht mehr heiß ist, da das Mousse ansonsten flüssig wird. Das Schoko-Mousse in Gläschen füllen und circa 1 Stunde in den Kühlschrank stellen.

APFEL-BEEREN-CRUMBLE

FÜR DEN BODEN

200 G gefrorene Beerenmischung
3 mittelgroße Äpfel
1 TL Ahornsirup
1 TL Kokosöl
1 TL Zimt

FÜR DEN CRUMBLE

45 G Haferflocken
110 G glutenfreie Mehlmischung (Basisrezept S. 76)
40 G Kokosblütenzucker
50 ML geschmolzenes Kokosöl
2 EL gehackte Mandeln
2 EL Kokosraspel
1 TL Zimt
30 ML Mandelmilch

...

Den Backofen auf 160 Grad Umluft vorheizen.

Glutenfreie Mehlmischung, Haferflocken, Kokosöl, Kokosblütenzucker, Zimt, Mandeln, Mandelmilch und Kokosraspel in eine Schüssel geben und mit dem Handruhrgerät oder einem Löffel zu Streuseln kneten.

Äpfel schälen, entkernen und in kleine Würfel schneiden. Das Kokosöl in einen Topf geben und erhitzen. Äpfel, Beerenmischung, Ahornsirup und Zimt hinzugeben und aufkochen lassen. Die Hitze reduzieren und etwa 10 Minuten köcheln lassen, dabei gelegentlich umrühren.

Die gekochte Äpfel-Beerenmischung in eine Auflaufform füllen und den Crumble über die Beerenmischung geben. Circa 35 Minuten backen und warm servieren.

MEIN TIPP: Die vegane Sahne (Basisrezept S. 78) oder auch eine Kugel Eis passen hervorragend dazu! Die Äpfel kannst Du im Frühling auch durch circa 300-400 G gedünsteten Rhabarber oder im Herbst durch 300-400 G Zwetschgen ersetzen.

MANDEL-TIRAMISU

FÜR DEN BODEN

60 ML geschmolzenes Kokosöl
200 ML Reismilch
1 TL Apfelessig
120 ML Ahornsirup
150 G gemahlene Mandeln
150 G glutenfreie Mehlmischung
2 TL Backpulver
1/4 TL Natron

FÜR DEN KAFFEE-MIX

350 ML Kaffee (stark und warm)
2 EL Amaretto oder Ahornsirup

FÜR DIE MASCARPONE

280 G vegane Schlagsahne
150 G Cashewkerne
125 ML Reismilch
6 TL Ahornsirup
1 TL Vanille-Pulver

FÜR DAS TOPPING

3 EL Kakaopulver

FOOD-PROZESSOR ODER MIXER NOTWENDIG

...

Den Backofen auf 180 Grad Ober-/Unterhitze vorheizen.

Den Apfelessig mit der Reismilch verrühren und kurz beiseite stellen. Die glutenfreie Mehlmischung, gemahlene Mandeln, Backpulver und Natron in eine Schüssel geben und verrühren. Kokosöl, Ahornsirup sowie die Reismilch zu den trockenen Zutaten hinzugeben. Ein großes Backblech mit Backpapier auslegen und den Teig darauf bis an die Ränder verstreichen. Circa 15 Minuten im Ofen backen. Den Teig gut auskühlen lassen.

Für die Mascarpone die Cashewkerne für circa 30 Minuten in heißem Wasser einweichen. Zusammen mit der Reismilch, Ahornsirup und dem Vanille-Pulver in einen Mixer geben. So lange pürieren, bis eine glatte Masse entsteht. Die Cashew-Mischung unter die vegane Sahne heben.

Den Boden in 24 rechteckige Stücke schneiden. Die Hälfte der Biscuit-Stücke in eine große Auflaufform legen. Vorsichtig mit einem Löffel die Hälfte der Kaffeemischung darüber löffeln. Anschließend die Hälfte der Mascarpone auf dem Biscuit verteilen und die restlichen Biscuit-Stücke auf die Mascarpone legen. Die andere Hälfte der Kaffeemischung über die Biscuit-Stücke löffeln und mit der restlichen Mascarpone bedecken. Das Tiramisu mit Folie abdecken und mindestens 8 Stunden im Kühlschrank aufbewahren. Da das Tiramisu schnell zusammenfällt, vor dem Servieren circa 1-2 Stunden ins Gefrierfach stellen.

ZITRONEN-PUDDING-TARTELETTES

FÜR DEN BODEN

150 G Hafermehl
40 G Buchweizenmehl
70 ML Ahornsirup oder Reissirup
60 ML geschmolzenes Kokosöl

FÜR DIE FÜLLUNG

30 G Maisstärke
2 TL Zitronenzeste
25 G Birkenzucker
225 ML pflanzliche Milch
25 ML Zitronensaft

ERGIBT 4 STÜCK

...

Den Backofen auf 180 Grad Ober-/Unterhitze vorheizen.

Den Teig vorbereiten: Hafermehl, Buchweizenmehl, Sirup und Kokosöl in eine Schüssel geben und vermengen. Falls Du Reissirup verwendest, wird der Teig etwas bröselig sein, deswegen benutze ich meine Hände, um die Masse zu einem Teig zu verkneten. Solltest Du Ahornsirup verwenden und der Teig zu klebrig sein, kannst Du noch etwas Hafermehl hinzugeben. Kleine Tartelette-Formen mit etwas Öl bestreichen. Alternativ kannst Du auch Muffin-Förmchen verwenden. Den Teig in die Förmchen füllen und den Boden mit einer Gabel mehrmals einstechen.

Je nach Stärke des Backofens circa 10-12 Minuten backen und gut abkühlen lassen.

Maisstärke, Zitronenzeste und Birkenzucker mit Zitronensaft und 25 ML pflanzlicher Milch in eine Schüssel geben und mit dem Schneebesen vermengen. Die restlichen 200 ML pflanzliche Milch in einem Topf kurz aufkochen, dann die Hitze runterdrehen und von der Herdplatte nehmen. Anschließend das angerührte Puddingpulver hinzugeben und eine Minute gut einrühren. Den Pudding nochmals auf die Herdplatte stellen und unter ständigem Rühren mindestens 2 Minuten köcheln lassen, bis sich eine puddingartige Konsistenz bildet. Den fertigen Pudding in die Tartelettes füllen und warm genießen oder ein paar Stunden kalt stellen.

KAISERSCHMARRN

1	reife Banane
130 G	gemahlene Mandeln
120 G	glutenfreie Mehlmischung (Basisrezept S. 76)
1 TL	Backpulver
100 ML	Reismilch oder Hafermilch
2 EL	Ahornsirup
1 TL	Zitronenzeste
1 EL	Zitronensaft
100 ML	Mineralwasser
25 G	Rosinen
1/2 TL	Kokosöl für die Pfanne

HANDRÜHRGERÄT NOTWENDIG / ERGIBT 4 PORTIONEN

...

Glutenfreies Mehl, gemahlene Mandeln, Zitronenzeste und Backpulver in eine Schüssel geben und vermengen. Pflanzliche Milch, Mineralwasser, Ahornsirup und Zitronensaft zu den trockenen Zutaten hinzugeben. Die Banane mit einer Gabel zerdrücken und ebenfalls hinzugeben. Den Teig für mindestens 10 Minuten ruhen lassen.

Etwas Kokosöl in einer Pfanne erhitzen und den gesamten Teig hineingeben, sodass alles gleichmäßig in der Pfanne verteilt ist. Sobald sich Blasen bilden, wenden und ein paar weitere Minuten braten, dann in kleinere Stücke zerrupfen. Gegen Ende die Rosinen darüber geben. Der Kaiserschmarrn ist fertig, wenn er außen schön gebräunt ist.

MEIN TIPP: Den Kaiserschmarrn mit Birkenpuderzucker (Basisrezept S. 70) und Apfelmus servieren!

SCHOKO-LAVA-KUCHEN

FÜR DEN TEIG

150 G	glutenfreie Mehlmischung (Basisrezept S. 76)
70 G	Kokosblütenzucker
20 G	Kakaopulver
1/2 TL	Backpulver
150 ML	Hafermilch
1 EL	Apfelessig
1 EL	geschmolzenes Kokosöl
80 G	Apfelmus

FÜR DIE FÜLLUNG

60 G	Zartbitterschokolade (Basisrezept S. 80)

ERGIBT 6 STÜCK / NUSSFREI

...

Den Backofen auf 180 Grad Ober-/Unterhitze vorheizen.

Muffin-Förmchen mit Kokosöl einfetten oder alternativ Silikon-Förmchen verwenden. Glutenfreies Mehl, Kokosblütenzucker, Kakaopulver und Backpulver in eine Schüssel geben und gut vermengen. Den Apfelessig mit der Hafermilch vermischen und dann zu den trockenen Zutaten hinzufügen. Anschließend Apfelmus und Kokosöl hinzugeben und gut verrühren. Die Mischung nun in die Muffin-Förmchen geben und in der Mitte jeder Form Schokoladenstücke (circa 10-15 G pro Küchlein) hineindrücken. Circa 12-15 Minuten im Ofen backen, je nachdem wie stark der Backofen ist (bei mir dauert es 15 Minuten). Kurz abkühlen lassen, dann die Lava-Kuchen aus der Form stürzen und warm genießen.

MEIN TIPP: Der Lava-Kuchen sollte nicht länger als 15 Minuten gebacken werden, da die Schokolade sonst nicht mehr flüssig ist. Ich bestreue die Lava-Kuchen vor dem Servieren noch mit ein wenig Birkenpuderzucker (Basisrezept S. 70).

MEDJOOL-TAHINI-MINI-KUCHEN

FÜR DEN TEIG

200 G	Medjool-Datteln
120 ML	heißer Kaffee oder heißes Wasser
1 TL	Backpulver
125 G	Tahini
1 TL	Apfelessig
30 G	Kokosmehl
30 G	Maisstärke
1	Prise Salz

FÜR DIE SAUCE

200 ML	Kokosmilch
50 G	Kokosblütenzucker
2 EL	Tahini
1	Prise Salz

FOOD-PROZESSOR NOTWENDIG / ERGIBT 6 STÜCK / NUSSFREI

...

Den Kaffee in eine Schüssel über die Datteln gießen und das Backpulver hinzugeben. Circa 30 Minuten stehen lassen.

Den Backofen auf 180 Grad Ober-/Unterhitze vorheizen.

Die Datteln mit dem Kaffee und dem Backpulver in den Food-Prozessor geben. Tahini und Apfelessig hinzufügen und so lange pürieren, bis eine cremige Masse entsteht. Das Kokosmehl, die Maisstärke und das Salz hinzufügen und weitermixen. Den Teig in eingefettete Muffin-Förmchen geben und circa 30 Minuten backen, bis sich die Mitte fest anfühlt.

In der Zwischenzeit die Karamell-Sauce vorbereiten: Kokosmilch und Kokosblütenzucker in einen Topf geben und bei mittlerer bis hoher Hitze zum Kochen bringen. Dabei aufpassen, dass es nicht überkocht. Anschließend die Temperatur reduzieren und die Karamell-Sauce 40-45 Minuten köcheln lassen. Dabei gelegentlich umrühren. Gegen Ende das Tahini und gegebenenfalls eine Prise Salz hinzugeben und gut verrühren.

Die Küchlein gut abkühlen lassen und aus der Form lösen. Die Karamell-Sauce unmittelbar vor dem Servieren über die Küchlein gießen.

BANOFFEE-AUFLAUF

FÜR DEN BODEN

200 G Hafermehl
50 G Haferflocken
60 ML geschmolzenes Kokosöl
120 ML Ahornsirup

FÜR DAS KARAMELL

250 G Medjool-Datteln
100 ML Kokosöl
1 1/2 Bananen (150 G)
1 Prise Salz

FÜR DIE GLASUR

100 G Zartbitterschokolade (Basisrezept S. 80)

FOOD-PROZESSOR ODER MIXER NOTWENDIG / NUSSFREI

...

Den Backofen auf 180 Grad Ober-/Unterhitze vorheizen.

Alle Zutaten für den Boden in eine Schüssel geben und zu einem Teig verkneten. Den Teig in eine mit Backpapier ausgelegte Backform geben und gut festdrücken. 10 Minuten im Backofen backen.

In der Zwischenzeit das Karamell vorbereiten: Die Medjool-Datteln in den Food-Prozessor oder Mixer geben und so lange pürieren, bis die Datteln zerkleinert sind. Kokosöl, Bananen und Salz hinzugeben und weiterpürieren, bis eine cremige, karamellartige Creme entsteht. Die Karamellcreme mit dem Spatel auf dem Boden verstreichen und die Backform mindestens eine Stunde in den Kühlschrank oder das Gefrierfach stellen.

Die Zartbitterschokolade im Wasserbad schmelzen. Die Schokolade über das Bananen-Karamell streichen und gut abkühlen lassen. Anschließend aus der Form lösen und in gleich große Stücke schneiden.

MEIN TIPP: Mit geschnittenen Bananen garnieren und mit veganer Schlagsahne (Basisrezept S. 78) servieren!

HIMBEER-SORBET

300 G gefrorene Himbeeren
15 ML Zitronensaft
1/2 TL Zitronenzeste
4 EL Dattelsirup
Optional: 1/2 TL Guarkernmehl

MIXER NOTWENDIG / NUSSFREI

...

Sobald die Himbeeren aufgetaut sind, alle Zutaten im Mixer so lange pürieren, bis eine cremige, eisige Masse entsteht. Optional das Püree durch ein Sieb streichen, um die Himbeerkerne zu entfernen. Mich persönlich stören die Kerne nicht, weswegen ich diesen Schritt auslasse.

Die Masse in eine gefrierfeste Form (Du kannst eine Kastenform oder Aufbewahrungsbox verwenden) füllen und circa 2-3 Stunden ins Gefrierfach geben. Dort auch aufbewahren und vor dem Servieren kurz antauen lassen.

MEIN TIPP: Guarkernmehl unterbindet die Kristallbildung und ist daher für die Zubereitung von zart-cremigem Eis perfekt.

MANGO-SORBET

300 G	Mango (gefroren oder frisch)
15 ML	Limettensaft oder Zitronensaft
1/2 TL	Limettenzeste
4 EL	Ahornsirup

Optional: 1/2 TL Guarkernmehl

MIXER NOTWENDIG / NUSSFREI

...

Falls Du gefrorene Mango verwendest, die Mango auftauen lassen. Dann alle Zutaten im Mixer so lange pürieren, bis eine cremige Masse entsteht.

Die Masse in eine gefrierfeste Form (ich verwende eine Kastenform) füllen und circa 2–3 Stunden ins Gefrierfach geben. Dort auch aufbewahren und vor dem Servieren kurz antauen lassen.

MEIN TIPP: Guarkernmehl unterbindet die Kristallbildung und ist daher für die Zubereitung von zart-cremigem Eis perfekt.

BANANEN-SCHOKOCHIP-EIS

4	gefrorene Bananen (circa 400 G)
160 ML	Kokosmilch
65 G	Zartbitterschokolade (Basisrezept S. 80)
20 G	Kakao-Nibs

Optional: 1-2 TL Vanille

FOOD-PROZESSOR ODER MIXER NOTWENDIG / NUSSFREI

...

Die Bananen schälen und einfrieren.

Bananen und Kokosmilch in den Food-Prozessor oder Mixer geben. Optional Vanille hinzugeben. Falls Du keinen so starken Food-Prozessor hast, kannst Du die Bananen kurz auftauen lassen. So lange mixen, bis alles zerkleinert ist und eine cremige, eisige Masse entsteht. Die Masse in eine gefrierfeste Form (ich verwende eine Kastenform oder eine Aufbewahrungsbox aus Glas) füllen und die Kakao-Nibs einrühren.

Die Zartbitterschokolade schmelzen und über die Bananen-Masse gießen. Die Masse ins Gefrierfach geben. Nach 15-20 Minuten mit einer Gabel gut umrühren und dabei die Schokolade brechen, sodass kleine Stücke entstehen.

Circa 4 Stunden einfrieren und während dieser Zeit noch mindestens zweimal mit einer Gabel umrühren. Falls noch größere Schokostücke im Eis enthalten sind, diese ebenfalls mit der Gabel zerbrechen.

Vor dem Servieren kurz (5-10 Minuten reichen) antauen lassen.

ORANGEN-PARFAIT

200 G Kokosjoghurt
30 G Birkenpuderzucker (Basisrezept S. 70)
180 G vegane Schlagsahne ohne Kokosjoghurt (Basisrezept S. 78)
300 G Orangen
100 G Orangen zum Garnieren
1 TL Zitronenzeste
Optional: frische Minze

HANDRÜHRGERÄT NOTWENDIG / MIXER OPTIONAL
ERGIBT 4 PORTIONEN

...

Die Orangen schälen und in Stücke schneiden. Den Kokosjoghurt und den Birkenpuderzucker zur veganen Sahne geben und mit dem Handrührgerät circa 2–3 Minuten verrühren. Anschließend die Orangen und die Zitronenzeste hinzugeben und mit dem Löffel verrühren. Alternativ kannst Du die Orangenstücke und die Zitronenzeste im Mixer oder Food-Prozessor kurz pürieren, bis sie zerkleinert sind.

Die Creme in Gläschen füllen und circa eine Stunde ins Gefrierfach stellen (alternativ in den Kühlschrank, allerdings erhält sie so nicht die Konsistenz eines Parfaits). Mit frischer Minze und Orangenscheiben garnieren und direkt servieren.

MEIN TIPP: Du kannst die Orange auch durch Mango oder Beeren (frische oder gefrorene) ersetzen.

Orangen-
Parfait

MILCHREIS MIT WARMER SAUERKIRSCHGRÜTZE

FÜR DEN MILCHREIS

125 G	Milchreis, Risottoreis oder Rundkornreis
500 ML	Mandelmilch
2 EL	Kokosblütenzucker
1 TL	Zimt
1	Prise Salz

FÜR DIE GRÜTZE

200 G	Sauerkirschen (gefroren oder aus dem Glas)
2 EL	Kokosblütenzucker
1 TL	Maisstärke
1 EL	Wasser

ERGIBT 2 PORTIONEN

...

Den Milchreis mit der Mandelmilch in einem Topf zum Kochen bringen, dann zugedeckt bei schwacher Hitze 30–35 Minuten köcheln lassen. Gelegentlich umrühren. In den letzten 10 Minuten den Kokosblütenzucker, das Salz und den Zimt einrühren und gut umrühren.

Falls Du gefrorene Sauerkirschen verwendest, diese auftauen lassen. In einem weiteren Topf die Sauerkirschen mit dem Kokosblütenzucker vermengen. Die Maisstärke mit dem Wasser in einer kleinen Schüssel verrühren und zur Seite stellen. Die Sauerkirschen bei mittlerer bis hoher Hitze aufkochen lassen und dann die Temperatur runterstellen. Die Maisstärke einrühren und dann bei niedriger Hitze circa 10 Minuten köcheln lassen, bis eine kompottähnliche Konsistenz erreicht ist. Ich empfehle den Milchreis mit der Kirschgrütze warm zu servieren.

MEIN TIPP: Du kannst die Sauerkirschen auch durch einen Beerenmix austauschen.

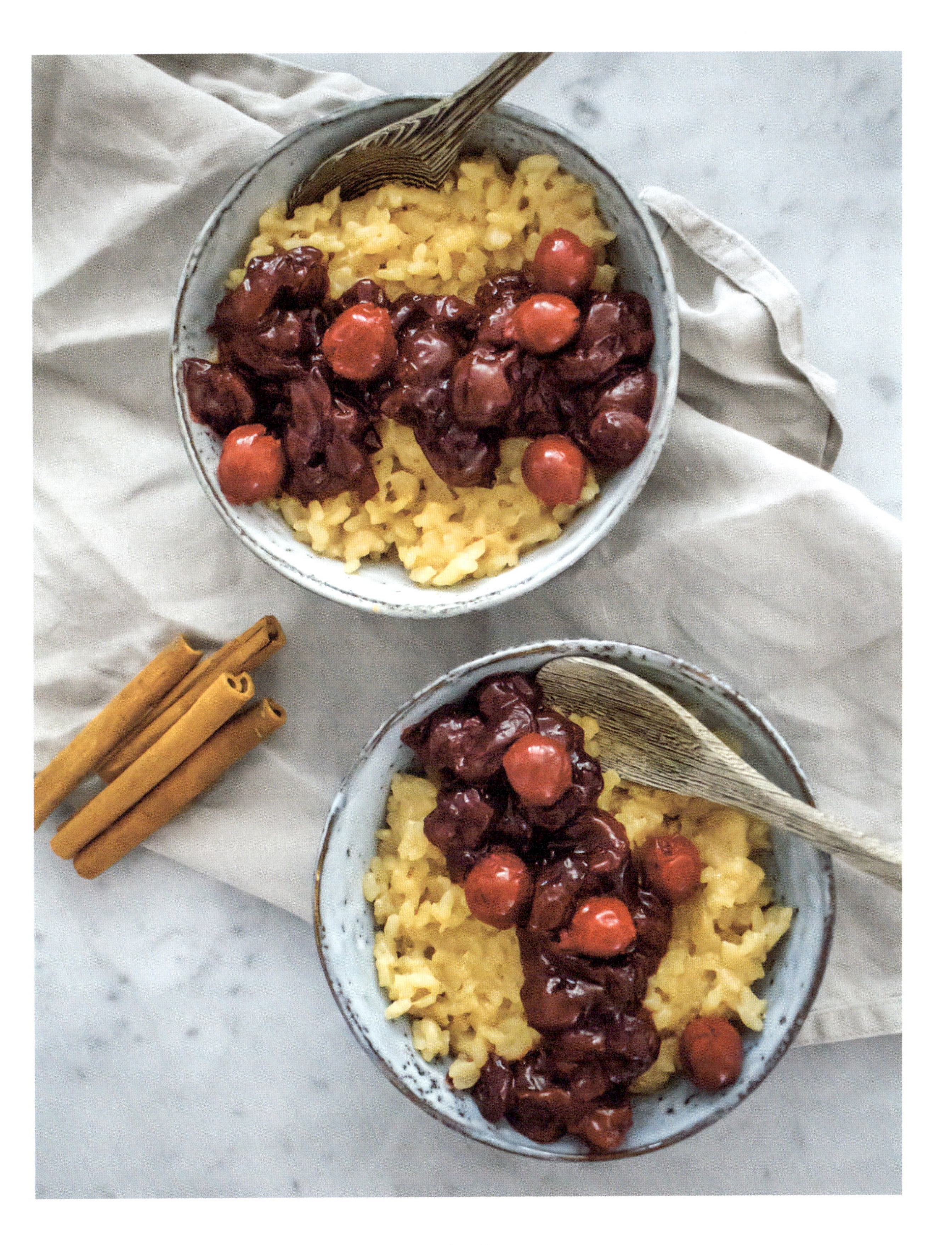

REZEPTE

WEIHNACHTSBÄCKEREI

•••

Für mich hat die Weihnachtszeit etwas Magisches, denn ich habe nicht nur zwei Tage vor Weihnachten Geburtstag, ich liebe alles rund um das Weihnachtsfest. Die Stimmung, das Chaos vor Weihnachten, aber auch die Ruhe an den Feiertagen, den Schnee, Weihnachtsmärkte und natürlich das Backen. Das gehört für mich einfach zur Weihnachtszeit dazu! Mittlerweile habe ich mir von all meinen liebsten Weihnachtsleckereien eine gesunde Variante kreiert, die ich natürlich mit Dir teilen möchte. Zu meinen Favoriten gehören besonders die Klassischen Lebkuchen (S. 284) sowie die Elisenlebkuchen (S. 290). Bisher konnte keiner glauben, dass sie wirklich nur aus natürlichen Zutaten bestehen. Die Vanillekipferl sind bis heute mein allerliebstes Weihnachtsgebäck. Es stand außer Frage, dass ich davon eine gesunde Version kreieren musste. Aber auch die Spitzbuben (S. 302) mit selbstgemachter Chia-Beeren-Marmelade sind für mich an Weihnachten nun nicht mehr wegzudenken. Mit Früchtebrot (S. 296) bin ich aufgewachsen, denn meine Oma backt es jedes Jahr zu Weihnachten. Sie musste meine Variante des Früchtebrots vorab testen und erst nachdem auch sie begeistert war, durfte das Rezept so bleiben.

KLASSISCHE LEBKUCHEN

FÜR DEN TEIG

400 G	gemahlene Haselnüsse oder Mandeln
3	Leinsamen-Eier (Basisrezept S. 68)
110 ML	Ahornsirup
1 TL	Kakaopulver
1 TL	Orangenzeste
1 TL	Zitronenzeste
1 TL	Zimt
1/2 TL	Kardamom
1/2 TL	Nelken

FÜR DIE GLASUR

125 G	Zartbitterschokolade (Basisrezept S. 80)

ERGIBT 12 STÜCK

...

Den Backofen auf 160 Grad Ober-/Unterhitze vorheizen.

Die gemahlenen Haselnüsse, Ahornsirup, Kakaopulver und Gewürze in eine Schüssel geben. Die Leinsamen-Eier hinzugeben und zu einem Teig verkneten. Falls der Teig zu trocken ist, etwas warmes Wasser hinzugeben. Anschließend den Teig zu gleich großen Kugeln formen und zu Plätzchen platt drücken. Ein Backblech mit Backpapier auslegen und die Lebkuchen 15 Minuten im Ofen backen, bis sie goldbraun sind.

Die Plätzchen abkühlen lassen und in der Zwischenzeit die Schokoladen-Glasur vorbereiten. Die Zartbitterschokolade schmelzen und die Lebkuchen damit bestreichen.

MEIN TIPP: Optional kannst du die Lebkuchen mit Mandeln verzieren.

ZIMTSTERNE

FÜR DEN TEIG

120 G	Hafermehl
130 G	gemahlene Mandeln
80 G	Kokosblütenzucker
1	Leinsamen-Ei (Basisrezept S. 68)
100 ML	Reissirup
3 EL	geschmolzenes Kokosöl
2 EL	Zimt
1 TL	Orangenzeste (oder Zitronenzeste)

FÜR DIE GLASUR

80 G	Birkenpuderzucker (Basisrezept S. 70)
20 ML	Zitronensaft oder Kokosmilch

ERGIBT 20 STÜCK

...

Das Leinsamen-Ei nach meinem Basisrezept zubereiten und in den Kühlschrank geben. Gemahlene Mandeln, Hafermehl, Kokosblütenzucker, Zimt und Orangenzeste mit einem Löffel gut vermengen. Den Reissirup, das Kokosöl und das Leinsamen-Ei hinzugeben und so lange mit dem Handrührgerät oder einem Löffel rühren, bis ein klebriger Teig entsteht. Den Teig in Folie wickeln und mindestens 1 Stunde in den Kühlschrank stellen.

Den Backofen auf 160 Grad Ober-/Unterhitze vorheizen.

Den Teig auf einem Backpapier mit etwas Hafermehl ausrollen. Mit einem Ausstecher Sterne ausstechen und auf ein mit Backpapier ausgelegtes Backblech legen. Circa 8 Minuten backen. Die Zimtsterne abkühlen lassen.

In der Zwischenzeit die Glasur vorbereiten. Den Birkenpuderzucker und den Zitronensaft oder die Kokosmilch mischen, bis eine Glasur entsteht. Falls die Glasur zu flüssig ist, kannst du noch etwas Kokosmilch oder Zitronensaft hinzufügen. Die Glasur auf die Sterne streichen und trocknen lassen.

Zimtsterne

VANILLEKIPFERL

220 G	blanchierte, gemahlene Mandeln
180 G	Hafermehl
50 G	Buchweizenmehl
175 ML	Ahornsirup
20 ML	geschmolzenes Kokosöl
20 G	weißes Mandelmus oder Cashewmus
2 TL	Vanille-Pulver

Birkenpuderzucker zum Bestäuben (Basisrezept S. 70)

ERGIBT 50 STÜCK

...

Die gemahlenen Mandeln, Hafermehl und Buchweizenmehl in eine Schüssel geben. Ahornsirup, geschmolzenes Kokosöl, Mandelmus und Vanille-Pulver hinzugeben und gut verkneten, bis ein fester Teig entsteht und die Masse nicht mehr bröselt. Den Teig in zwei Rollen formen, in Frischhaltefolie einwickeln und mindestens eine Stunde in den Kühlschrank geben.

Den Backofen auf 175 Grad Ober-/Unterhitze vorheizen und zwei Backbleche mit Backpapier auslegen.

Je eine Rolle in circa 25 Scheiben schneiden und mit den Händen zu Kipferl formen. Die Vanillekipferl auf die Bleche geben und circa 10-12 Minuten backen, bis sie hellbraun sind. Du solltest sie nicht länger als 12 Minuten im Backofen lassen, da sie sonst zu hart werden.

Die Vanillekipferl gut abkühlen lassen und dann mit etwas selbstgemachtem Puderzucker bestäuben.

ELISENLEBKUCHEN

FÜR DEN TEIG

200 G	Datteln
210 G	gemahlene Mandeln
110 G	Apfelmus
1 TL	Zitronenzeste
1 1/2 TL	Orangenzeste
1 TL	Zimt
1/4 TL	Nelken
1/4 TL	Ingwer
1/4 TL	gemahlener Ingwer
1/4 TL	Kardamom
1	Prise Salz

FÜR DIE GLASUR

100 G	Zartbitterschokolade (Basisrezept S. 80)

FOOD-PROZESSOR NOTWENDIG

...

Den Backofen auf 180 Grad Ober-/Unterhitze vorheizen.

Für den Teig die Datteln zusammen mit dem Apfelmus im Food-Prozessor pürieren. Dabei die Masse immer wieder von den Wänden schaben. Die gemahlenen Mandeln, Zitronenzeste, Orangenzeste, Gewürze und Salz zu der Dattelmischung hinzugeben und so lange weitermixen, bis alles zerkleinert ist.

Den Teig in eine mit Backpapier ausgelegte Auflaufform drücken und mit einem Teigspatel glattstreichen. Alternativ kannst Du den Teig zu gleichgroßen Kugeln formen und zu Plätzchen plattdrücken. Die Elisenlebkuchen gehen im Ofen kaum auseinander.

Circa 15 Minuten auf der mittleren Schiene backen und gut abkühlen lassen. Die Lebkuchen werden noch sehr weich sein, härten aber noch aus.

Die Zartbitterschokolade schmelzen und die Lebkuchen mit der Schokolade bestreichen. Optional mit Mandeln garnieren.

WEIHNACHTSBÄCKEREI

KOKOSMAKRONEN

300 G Kokosraspel
120 ML Reissirup
50 G Zartbitterschokolade (Basisrezept S. 80)
1 Prise Salz
Optional: 80 ML geschmolzenes Kokosöl

FOOD-PROZESSOR NOTWENDIG / ERGIBT 10 STÜCK

...

Den Backofen auf 175 Grad Ober-/Unterhitze vorheizen.

Kokosraspel in den Food-Prozessor geben und so lange auf höchster Stufe mixen, bis sie cremig und sämig sind. Wenn Du einen starken Food-Prozessor hast, brauchst Du kein zusätzliches Kokosöl hinzugeben, da die Kokosraspel sehr cremig werden. Nur so können sie anschließend gut geformt werden. Reissirup und Salz hinzugeben und weitermixen, bis eine klebrige Masse entsteht. Falls Dein Food-Prozessor nicht stark genug ist, kannst Du nach und nach Kokosöl hinzugeben, bis eine formbare Masse entsteht.

Ein Backgitter mit Backpapier auslegen und den Teig mit Hilfe eines Esslöffels und mit angefeuchteten Händen zu Kugeln formen. Alternativ die Masse in einen Portionier-Löffel drücken und dann vorsichtig wieder herausnehmen. Circa 8-10 Minuten backen, bis die Ränder schön gebräunt sind. Die Kokosmakronen sind nun noch sehr zerbrechlich, werden aber fester, sobald sie abgekühlt sind. Bevor Du die Kokosmakronen mit Schokolade verzierst, ist es also wichtig, die Makronen unbedingt vollständig auskühlen zu lassen.

Die Zartbitterschokolade im Wasserbad schmelzen und die Böden der Kokosmakronen vorsichtig in die Schokolade eintunken. Die Kokosmakronen zurück auf das Backgitter geben, bis die Schokolade getrocknet ist. Optional den Rest der Schokolade mit Hilfe einer Gabel oder eines Löffels auf die Kokosmakronen träufeln.

MARZIPAN-PRALINEN

200 G	blanchierte, gemahlene Mandeln
100 ML	Reissirup
1 TL	Ceylon-Zimt
1	Prise Salz
3 EL	Kakaopulver
5 TR	Bittermandelöl

FOOD-PROZESSOR ODER MIXER OPTIONAL / ERGIBT 20 STÜCK

...

Die blanchierten Mandeln im Food-Prozessor oder im Mixer zu Mandelmehl vermahlen. Alternativ kannst Du auch bereits blanchierte gemahlene Mandeln verwenden.

Sobald die Mandeln vermahlen sind, Reissirup, Ceylon-Zimt, Meersalz und Bittermandelöl hinzugeben und so lange vermengen, bis ein klebriger Teig entsteht.

Den Teig zu circa 15-20 kleinen Kugeln formen und in Kakaopulver wälzen.

MEIN TIPP: Du kannst die Marzipan-Pralinen, anstatt sie in Kakao zu wälzen, auch mit einer Schokoglasur überziehen und zusätzlich mit Mandelsplittern bestreuen.

FRÜCHTEBROT

125 G	glutenfreie Mehlmischung (Basisrezept S. 76)	100 G	getrocknete Feigen
50 G	Walnüsse	125 G	Apfelmus
25 G	Mandeln	45 ML	frisch gepresster Orangensaft
150 G	Datteln	1 TL	Backpulver
		2 TL	Zimt

HANDRÜHRGERÄT NOTWENDIG / ERGIBT 8 PORTIONEN

...

Den Backofen auf 180 Grad Ober-/Unterhitze vorheizen.

Trockenfrüchte klein schneiden, in eine Schüssel geben und mit dem Orangensaft übergießen. Die Mischung zur Seite stellen. Die Nüsse grob zerhacken. Glutenfreie Mehlmischung, Nüsse, Backpulver und Zimt in eine Schüssel geben und vermischen. Nun die Trockenfrüchte und das Apfelmus unterheben.

Den Teig in eine mit Backpapier ausgelegte Kastenform geben und für circa 30–40 Minuten backen.

FLORENTINER

50 ML	Reissirup	50 G	gemahlene Mandeln
40 G	Kokosöl	1 EL	Zitronenzeste
40 ML	Kokosmilch	1 EL	Orangenzeste
50 G	Mandelblättchen	80 G	Zartbitterschokolade (Basisrezept S. 80)
50 G	gehackte Mandeln		
50 G	gestiftete Mandeln		

ERGIBT 16 STÜCK

...

Den Backofen auf 200 Grad Ober-/Unterhitze vorheizen.

Reissirup, Kokosöl und Kokosmilch in einem Topf erhitzen und ein paar Minuten köcheln lassen. Die Mandelblättchen, gehackte sowie gestiftete Mandeln hinzugeben und gut verrühren. Anschließend noch die gemahlenen Mandeln sowie die Zitronen- und Orangenzeste hinzugeben, sodass eine leicht zähe Masse entsteht. Den Teig gleichmäßig auf ein mit Backpapier belegtes Backblech streichen und 7 Minuten backen.

Nach 7 Minuten mit Folie bedecken und weitere 5 Minuten backen, dabei immer kontrollieren, ob der Teig nicht zu braun wird. Die Florentiner noch in warmen Zustand in Vierecke, Rauten oder eine andere gewünschte Form schneiden und anschließend gut abkühlen lassen.

Die Zartbitterschokolade schmelzen und die Unterseite der Florentiner damit bepinseln.

MANDELHÖRNCHEN

FÜR DIE HÖRNCHEN

60 ML	Aquafaba
1/4 TL	Backpulver
1 TL	Zitronensaft
1/2 TL	Maisstärke
25 G	Birkenpuderzucker
30 ML	Ahornsirup
90 G	gemahlene Mandeln
50 G	Mandelblättchen
1	Prise Salz

FÜR DAS MARZIPAN

200 G	blanchierte, gemahlene Mandeln
70 ML	Reissirup
4 TR	Bittermandelöl

FÜR DIE GLASUR

50 G	Zartbitterschokolade (Basisrezept S. 80)

FOOD-PROZESSOR + HANDRÜHRGERÄT NOTWENDIG / ERGIBT 6 STÜCK

...

Den Backofen auf 175 Grad Ober-/Unterhitze vorheizen.

Für das Marzipan die gemahlenen Mandeln mit dem Reissirup vermengen. Das Bittermandelöl dazugeben und alles gut verkneten. Es sollte eine geschmeidige und luftige Masse entstehen, die zusammenklebt, wenn Du sie zwischen den Fingern zusammendrückst. Die fertige Masse zu einer Rolle formen und in Frischhaltefolie einwickeln. Das Marzipan etwa 30 Minuten in den Kühlschrank legen.

Aquafaba, Backpulver und Zitronensaft in eine kalte Schüssel geben und für einige Minuten mit dem Handrührgerät steif schlagen, bis sich steife Spitzen bilden. Birkenpuderzucker und Maisstärke hinzufügen und weiterschlagen, bis die Konsistenz von Eischnee erreicht wird.

Marzipan, veganen Eischnee, Ahornsirup und Salz in den Food-Prozessor geben und zu einem saftigen Teig verarbeiten. Anschließend die gemahlenen Mandeln hinzufügen und in den Teig einarbeiten. Nun kannst Du aus dem Teig Hörnchen formen. Die Hörnchen auf ein mit Backpapier belegtes Blech geben, mit Mandelblättchen garnieren und circa 12 Minuten backen. Die Mandelhörnchen unbedingt vollständig auf dem Backblech auskühlen lassen, da sie nach dem Backen noch sehr weich und zerbrechlich sind. In der Zwischenzeit die Zartbitterschokolade schmelzen. Sobald die Mandelhörnchen komplett abgekühlt sind, die Enden vorsichtig mit Zartbitterschokolade bestreichen und trocknen lassen.

Mandel-
Hörnchen

SPITZBUBEN

FÜR DEN TEIG

270 G Hafermehl
110 ML Ahornsirup
45 ML geschmolzenes Kokosöl

FÜR DIE FÜLLUNG

100 G Chia-Beeren-Marmelade (Basisrezept S. 86)
Birkenpuderzucker zum Bestäuben (Basisrezept S. 70)

ERGIBT 16 STÜCK / NUSSFREI

...

Den Backofen auf 175 Grad Ober-/Unterhitze vorheizen.

Die Zutaten für die Kekse in einer Schüssel miteinander vermischen. Auf einem Backpapier oder einer bemehlten Arbeitsfläche den Teig sehr dünn (circa 0,5 cm) ausrollen und mit einem Ausstecher runde Kekse ausstechen. Bei der Hälfte der Plätzchen mit einem kleinen Ausstecher ein Loch in die Mitte stechen.

Circa 5-8 Minuten backen und gut abkühlen lassen.

Dann circa einen gehäuften Teelöffel Marmelade auf einen Keks ohne Loch geben und einen Keks mit Loch darauf setzen. Die fertigen Spitzbuben mit Puderzucker bestäuben.

MEIN TIPP: Du kannst das Hafermehl auch selbst herstellen, ich habe jedoch die Erfahrung gemacht, dass es mit gekauftem Hafermehl deutlich besser klappt, da dieses feiner vermahlen ist und sich somit besser verarbeiten lässt.

BRATÄPFEL MIT VANILLESAUCE

FÜR DIE ÄPFEL

2	große säuerliche Äpfel (z. B. Boskop)
15 G	Rosinen oder Cranberries
30 G	Mandelblättchen
15 G	gehackte Mandeln oder Haselnüsse
3 EL	Mandelmus
1 TL	Lebkuchengewürz
1/2 TL	Zimt

FÜR DIE VANILLESAUCE

200 ML	Mandelmilch oder Hafermilch
1/4 TL	gemahlene Vanille
2 TL	Maisstärke
1 EL	Ahornsirup

ERGIBT 2 STÜCK

...

Den Backofen auf 175 Grad Ober-/Unterhitze vorheizen.

Die Äpfel waschen, trocknen und die Deckel abschneiden. Die Äpfel mit einem Löffel oder einem Apfelausstecher entkernen und aushöhlen. Gehackte Mandeln in einer Pfanne goldbraun rösten.

Rosinen oder Cranberries, gehackte Mandeln, Mandelblättchen, Mandelmus, Zimt und Lebkuchengewürz verrühren und anschließend in die Äpfel füllen. Diese auf ein mit Backpapier ausgelegtes Blech geben, die Apfeldeckel daneben legen und 25–30 Minuten backen.

Für die Vanillesauce die Maisstärke, die Vanille und den Ahornsirup mit einem Schneebesen in die Mandelmilch einrühren. Die Mischung in einen Topf füllen, bei mittlerer bis hoher Hitze aufkochen lassen. Die Temperatur runterdrehen und circa 10 Minuten unter ständigem Rühren köcheln lassen.

Die Bratäpfel mit der warmen Vanillesauce servieren.

DANKE

•••

Ich muss zugeben, mir ist erst bewusst geworden, wie viel Arbeit hinter einem Buch tatsächlich steckt, nachdem ich die meisten der über 100 Rezepte mehrmals (manche mehr als zehnmal) getestet, sie entwickelt und geschrieben, mir Bildmotive ausgedacht, Rezepte gestylt, fotografiert und Korrektur gelesen hatte. Dabei hatte ich zum Glück eine Menge Unterstützung!

In erster Linie muss ich meinem Freund danken, der seine Küche monatelang nicht nutzen konnte, da sie zur Konditorstube umgewandelt wurde. Er hat jedes Rezept kritisch getestet und probiert, auch wenn er schon längst pappsatt war. Danke für Deine Geduld, Dein Verständnis und dass du seit der ersten Sekunde an mich und meine Träume glaubst.

Danke an meine Mama, die mich während der Quarantäne fleißig unterstützt hat, aus der Ferne unzählige meiner Rezepte testen musste und dabei die ganze Nachbarschaft mit Naschereien versorgt hat. Danke für Deine Unterstützung und dass du mich immer wieder dazu ermutigt hast, meinen Träumen nachzugehen.

Besonderer Dank gilt aber auch meiner Praktikantin Sophie, die gemeinsam mit mir gebacken hat. Ohne sie wäre ich wahrscheinlich noch immer am Backen. Danke, dass du mit genauso viel Leidenschaft und Liebe mit mir an diesem Projekt gearbeitet hast!

Außerdem möchte ich mich bei meiner lieben Freundin Kim bedanken, die auch mal zur Fotografin wurde und zudem ein besonderes Händchen fürs Foodstyling hat. Ohne sie gäbe es die wunderschönen Bilder, auf denen ich mit meinen Händen zu sehen bin, nicht. Danke auch an mein Lini's Bites Team, die im Büro täglich zu kritischen Testern wurden und wenn's sein musste auch im Hochsommer Weihnachtsplätzchen verköstigt haben.

Danke an meinen Verleger Gerrit, der von Anfang an an mein Projekt geglaubt hat und ohne den dieses Buch erst gar nicht zustande gekommen wäre! Danke, dass du mir meine Freiheiten gelassen hast und mein Fototalent schon früh entdeckt hast.

Danke auch an Gundi, die das Buch genau nach meinen Vorstellungen designt hat. Besonderer Dank gilt auch Julia, die uns ihre wunderschöne Küche zur Verfügung gestellt hat, sowie Verena, die die tollen Portraitfotos von mir und Mona gemacht hat und Nadja für das wunderschöne Make-up.

REGISTER

•••

A

B

C

D

E

F

G

H

T

V

W

Z

ANMERKUNGEN

•••

1 http://www.coeli-news.com/gesundheit/zoeliakie-zahlen-und-fakten
2 https://www.brotexperte.de/brot-in-der-ernaehrung/weizenallergie-und-wahrheit
3 https://www.lebensmittelunvertraeglichkeiten.de/lebensmittelallergien/weizenallergie
4 http://www.coeli-news.com/gesundheit/zoeliakie-zahlen-und-fakten
5 https://www.zentrum-der-gesundheit.de/news/dattelsirup-150000026.html
6 https://www.zentrum-der-gesundheit.de/news/dattelsirup-150000026.html
7 https://www.peta.de/mineralstoffe?gclid=EAIaIQobChMI3L6mh4rR6QIVQuvtCh1CugDKEAAYASAAEgKRTfD_BwE
8 https://www.br.de/themen/ratgeber/inhalt/ernaehrung/nuesse-dossier-s4-mandeln100.html
9 https://www.spiegel.de/gesundheit/ernaehrung/zimt-ist-zu-viel-cumarin-gefaehrlich-mythos-oder-medizin-a-1126831.html
10 https://www.augsburger-allgemeine.de/geld-leben/Warum-Vanille-immer-teurer-wird-id41570661.html

WICHTIGER HINWEIS

Die Anregungen in diesem Buch stellen die Meinung beziehungsweise die Erfahrungen der Autorin dar und wurden nach bestem Wissen und Gewissen erstellt. Sie bieten jedoch keinen Ersatz für einen fachmännischen medizinischen oder ernährungswissenschaftlichen Rat. Jede Leserin, jeder Leser sollte für das eigene Tun auch weiterhin selbst verantwortlich sein. Weder die Autorin noch der Verlag können für eventuelle Nachteile oder Schäden, die aus den im Buch gegebenen praktischen Hinweise resultieren, eine Haftung übernehmen.

NATURAL SWEETS – das Backbuch
Zuckerfrei, vegan und glutenfrei backen. 100 gesunde Rezepte zum genießen und glücklich sein

Eileen Pesarini
(Lini's Bites – www. linisbites.de)

PAPERISH Verlag GmbH
Lena-Christ-Straße 2
82031 Grünwald
mail@paperish.de
www.paperish.de

GESTALTUNG
Gundi Schillinger

LEKTORAT
Sandra Buchta | Wort Buch Film

BILDNACHWEISE
Eileen Pesarini | Rezeptbilder
Verena Kathrein | Backcover & Seiten: 8, 12, 13, 15, 16, 18, 19, 21, 22, 306

DRUCK
Buchdruck Zentrum
Tiergartenstrasse 5
54595 Prüm

Die Deutsche Nationalbibliothek verzeichnet diese Publikation in der Deutschen Nationalbibliographie; detaillierte bibliographische Daten sind im Internet über www.dnb.de abrufbar.

2. Auflage 2021

ISBN-10: 3946739989
ISBN-13: 9783946739982